中华烹饪古籍经典藏书

[宋] 周密 撰

中国商业出版社

图书在版编目（CIP）数据

武林旧事 /（宋）周密撰 . -- 北京：中国商业出版社，2023.5

ISBN 978-7-5208-2448-4

Ⅰ . ①武… Ⅱ . ①周… Ⅲ . ①笔记—中国—南宋—选集②中国历史—史料—南宋 Ⅳ . ① K245.066

中国国家版本馆 CIP 数据核字（2023）第 049987 号

责任编辑：郑　静

中国商业出版社出版发行
（www.zgsycb.com 100053 北京广安门内报国寺 1 号）
总编室：010-63180647　编辑室：010-83118925
发行部：010-83120835/8286
新华书店经销
唐山嘉德印刷有限公司印刷
*
710 毫米 ×1000 毫米　16 开　15.5 印张　140 千字
2023 年 5 月第 1 版　2023 年 5 月第 1 次印刷
定价：69.00 元
****
（如有印装质量问题可更换）

中华烹饪古籍经典藏书
指导委员会
（排名不分先后）

名誉主任
杨　柳　魏稳虎

主　任
张新壮

副主任
吴　颖　周晓燕　邱庞同　杨铭铎　许菊云
高炳义　孙晓春　卢永良　赵　珩

委　员
姚伟钧　杜　莉　王义均　艾广富　周继祥
赵仁良　王志强　焦明耀　屈　浩　张立华
二　毛

中华烹饪古籍经典藏书
编辑委员会
（排名不分先后）

主　任
刘毕林

常务副主任
刘万庆

副主任

王者嵩	余梅胜	沈　巍	李　斌	孙玉成	滕　耘
陈　庆	朱永松	李　冬	刘义春	麻剑平	王万友
孙华盛	林凤和	陈江凤	孙正林	杜　辉	关　鑫
褚宏辚	朱　力	张可心	夏金龙	刘　晨	辛　鑫
韩　江

委 员

林百浚	闫 囡	杨英勋	尹亲林	彭正康	兰明路
胡 洁	孟连军	马震建	熊望斌	王云璋	梁永军
唐 松	于德江	陈 明	张陆占	张 文	王少刚
杨朝辉	赵家旺	史国旗	向正林	王国政	陈 光
邓振鸿	刘 星	邸春生	谭学文	王 程	李 宇
李金辉	范玖炘	孙 磊	高 明	刘 龙	吕振宁
孔德龙	吴 疆	张 虎	牛楚轩	寇卫华	刘彧彀
王 位	吴 超	侯 涛	赵海军	刘晓燕	孟凡宇
佟 彤	皮玉明	高 岩	毕 龙	任 刚	林 清
刘忠丽	刘洪生	赵 林	曹 勇	田张鹏	阴 彬
马东宏	张富岩	王利民	寇卫忠	王月强	俞晓华
张 慧	刘清海	李欣新	王东杰	渠永涛	蔡元斌
刘业福	王德朋	王中伟	王延龙	孙家涛	郭 杰
张万忠	种 俊	李晓明	金成稳	马 睿	乔 博

《武林旧事》工作团队

统　筹

刘万庆

注　释

刘义春　刘　晨　辛　鑫　韩　江

中国烹饪古籍丛刊
出版说明

国务院一九八一年十二月十日发出的《关于恢复古籍整理出版规划小组的通知》中指出：古籍整理出版工作"对中华民族文化的继承和发扬，对青年进行传统文化教育，有极大的重要性"。根据这一精神，我们着手整理出版这部丛刊。

我国的烹饪技术，是一份至为珍贵的文化遗产。历代古籍中有大量饮食烹饪方面的著述，春秋战国以来，有名的食单、食谱、食经、食疗经方、饮食史录、饮食掌故等著述不下百种，散见于各种丛书、类书及名家诗文集的材料，更是不胜枚举。为此，发掘、整理、取其精华，运用现代科学加以总结提高，使之更好地为人民生活服务，是很有意义的。

为了方便读者阅读，我们对原书加了一些注释，并把部分文言文译成现代汉语。这些古籍难免杂有不符合现代科学的东西，但是为尽量保持其原貌原意，译注时基本上未加改动；有的地方作了必要的说明。希望读者本着"取其精华，去其糟粕"的精神用以参考。

编者水平有限，错误之处，请读者随时指正，以便修订和完善。

中国商业出版社
1982年3月

出版说明

20世纪80年代初，我社根据国务院《关于恢复古籍整理出版规划小组的通知》精神，组织了当时全国优秀的专家学者，整理出版了"中国烹饪古籍丛刊"。这一丛刊出版工作陆续进行了12年，先后整理、出版了36册。这一丛刊的出版发行奠定了我社中华烹饪古籍出版工作的基础，为烹饪古籍出版解决了工作思路、选题范围、内容标准等一系列根本问题。但是囿于当时条件所限，从纸张、版式、体例上都有很大的改善余地。

党的十九大明确提出："深入挖掘中华优秀传统文化蕴含的思想观念、人文精神、道德规范，结合时代要求继承创新，让中华文化展现出永久魅力和时代风采。"做好古籍出版工作，把我国宝贵的文化遗产保护好、传承好、发展好，对赓续中华文脉、弘扬民族精神、增强国家文化软实力、建设社会主义文化强国具有重要意义。中华烹饪文化作为中华优秀传统文化的重要组成部分必须大力加以弘扬和发展。我社作为文化的传播者，坚决响应党和国家的号召，以传播中华烹饪传统文化为己任，高举起文化自信的大旗。因此，我社经过慎重研究，重新系统、全面地梳理中华烹饪古籍，将已经发现的150余种烹饪古籍分40册予以出版，即这套全新的"中华烹饪古籍经典藏书"。

此套丛书在前版基础上有所创新，版式设计、编排体例更便于各类读者阅读使用，除根据前版重新完善了标点、注释之外，补齐了白话翻译。对古籍中与烹饪文化关系不十分紧密或可作为另一专业研究的内容，例如制酒、饮茶、药方等进行了调整。由于年代久远，古籍中难免有一些不符合现代饮食科学的内容和包含有现行法律法规所保护的禁止食用的动植物等食材，为最大限度地保持古籍原貌，我们未做改动，希望读者在阅读过程中能够"取其精华、去其糟粕"，加以辨别、区分。

我国的烹饪技术，是一份至为珍贵的文化遗产。历代古籍中留下大量有关饮食、烹饪方面的著述，春秋战国以来，有名的食单、食谱、食经、食疗经方、饮食史录、饮食掌故等著述屡不绝书，散见于诗文之中的材料更是不胜枚举。由于编者水平所限，书中难免有错讹之处，欢迎大家批评指正，以便我们在今后的出版工作中加以修订和完善。

中国商业出版社

2022年8月

本书简介

《武林旧事》成书于元至元二十七年（公元1290年）以前，为追忆南宋都城临安城市风貌的著作，全书共十卷。作者按照"词贵乎纪实"的精神，根据目睹耳闻和故书杂记，详述朝廷典礼、山川风俗、市肆经纪、四时节物、教坊乐部等情况，为了解南宋城市经济文化和市民生活，以及都城面貌、宫廷礼仪，提供了较丰富的史料。

《武林旧事》卷一、卷二详细记载了皇家各个重要的朝会典礼；卷三介绍了行都四时风俗；卷四详细地罗列了行都宫殿和教坊乐部；卷五介绍了杭州风景古迹；卷六介绍了行都饮食娱乐和各色伎艺人；卷七记录了高宗退位后的优游生活；卷八介绍了皇帝驾幸太学、接待敌国使臣和皇后册封、皇子诞育等皇族日常生活礼仪；卷九记录了宋高宗驾幸功臣张俊的礼仪节次；卷十记录了官本杂剧段数和张镃的四时游赏。短短的一册十卷的笔记，几乎每一章节都是研究南宋一朝最宝贵的资料。尤其是"诸色伎艺人"和"官本杂剧段数"两节所记录的民间艺术种类、艺人姓名和杂剧剧目，是研究南宋文学艺术和戏剧史最重要的资料。

《武林旧事》是周密的一部著名的笔记。周密（公元1232—1298年），字公谨，号草窗，又号蘋洲、萧斋。南宋词人、文学家。祖籍济南，流寓吴兴（今浙江湖州）。宋德祐间为义乌县（今浙江义乌）令。入元隐居不仕。自号四水潜夫。他的诗文都有成就，又能诗画音律，尤好藏弃校书，一生著述较丰。

本书只对原文进行了注释，限于水平，书中恐难免有不足之处，望广大读者批评指正。

中国商业出版社

2022年12月

目 录

卷一 ……………… **003**
 庆寿册宝 ……………… 003
 四孟驾出 ……………… 005
 大礼（南郊·明堂）… 012
 登门肆赦 ……………… 020
 恭谢 ……………………… 023
 圣节 ……………………… 024

卷二 ……………… **035**
 御教 ……………………… 035
 御教仪卫次第 ………… 037
 燕射 ……………………… 040
 公主下降 ……………… 041
 唱名 ……………………… 045
 元正 ……………………… 048
 立春 ……………………… 049
 元夕 ……………………… 050
 舞队 ……………………… 057
 灯品 ……………………… 059

 挑菜 ……………………… 060
 进茶 ……………………… 061
 赏花 ……………………… 062

卷三 ……………… **064**
 西湖游幸 ……………… 064
 放春 ……………………… 068
 社会 ……………………… 068
 祭扫 ……………………… 069
 浴佛 ……………………… 070
 迎新 ……………………… 071
 端午 ……………………… 072
 禁中纳凉 ……………… 073
 都人避暑 ……………… 074
 乞巧 ……………………… 075
 中元 ……………………… 075
 中秋 ……………………… 076
 观潮 ……………………… 076
 重九 ……………………… 077

开炉…………078
冬至…………078
赏雪…………079
岁除…………079
岁晚节物………080

卷四…………083
故都宫殿…………083
乾淳教坊乐部………091

卷五…………106
湖山胜概…………106

卷六…………136
诸市…………136
瓦子勾栏…………137
酒楼…………138
歌馆…………141
赁物…………141
作坊…………142
骄民…………142
游手…………143
市食…………144

诸色酒名…………148
小经纪…………149
诸色伎艺人………152

卷七…………166
乾淳奉亲…………166

卷八…………181
车驾幸学…………181
人使到阙…………183
宫中诞育仪例略……184
册皇后仪…………188
皇后归谒家庙………191
皇子行冠礼仪略……195

卷九…………199
高宗幸张府节次略……199

卷十…………214
官本杂剧段数………214
张约斋赏心乐事……221
约斋桂隐百课………227

序

乾道、淳熙①间,三朝授受②,两宫奉亲③,古昔所无。一时声名文物之盛,号"小元祐④"。丰亨豫大⑤,至宝祐、景定⑥,则几于政、宣⑦矣。予⑧曩⑨于故家遗老⑩得其梗概,及客脩⑪门闲,闻退珰老监⑫谈先朝旧事,辄倾耳谛听⑬,如

---

① 乾道、淳熙:均为南宋孝宗赵昚的年号。乾道,公元1165—1173年;淳熙,公元1174—1189年。

② 三朝授受:指南宋三朝天子禅位的事。高宗赵构禅位于孝宗赵昚,孝宗又禅位于光宗赵惇。

③ 两宫奉亲:指孝宗侍奉太上皇与吴太后。高宗赵构因独子早逝,禅位于孝宗,自己退居德寿宫。

④ 小元祐:北宋元祐年间,社会昌盛、经济繁荣。南宋乾道、淳熙间,虽偏安一隅,但经过南渡后一百多年的建设,政局稳定,经济繁荣,故有"小元祐"之誉。

⑤ 丰亨豫大:富饶闲逸。形容太平盛世的气象。

⑥ 宝祐、景定:均为南宋理宗赵昀的年号。宝祐,公元1253—1258年;景定,公元1260—1264年。

⑦ 政、宣:北宋徽宗赵佶的年号。政,指政和,公元1111—1117年;宣,指宣和,公元1119—1125年。

⑧ 予:我。

⑨ 曩(nǎng):以往;从前;过去的。

⑩ 故家遗老:指以前世家宦族的人。

⑪ 脩:旧时送给老师的酬金(原义为干肉,古时弟子用来送给老师做见面礼)。

⑫ 退珰老监:退休的老太监。珰,本为宦官的冠饰,后代指宦官。

⑬ 谛听:好好听,认真听。

小儿观优①，终日夕不少倦。既而曳裾贵邸②，耳目益广，朝歌暮嬉，酣玩岁月，意谓人生正复若此，初不省承平乐事为难遇也。及时移物换，忧患飘零，追想昔游，殆如梦寐，而感慨系之矣。岁时檀栾③，酒酣耳热，时为小儿女戏道一二，未必不反以为夸言欺我也。每欲萃为一编，如吕荥阳《杂记》④而加详，孟元老《梦华》⑤而近雅，病忘慵惰⑥，未能成书。世故纷来，惧终于不暇纪载，因摭⑦大概，杂然书之。青灯永夜，时一展卷，恍然类昨日事，而一时朋游沦落，如晨星霜叶，而余亦老矣。噫，盛衰无常，年运既往，后之览者，能不兴忾我寤叹⑧之悲乎！

四水潜夫⑨书

---

① 观优：观看杂戏。

② 曳裾贵邸：到达官显贵家做客。

③ 檀栾：美好的样子。这里形容非常快乐的心情。

④ 《杂记》：吕希哲的《岁时杂记》。

⑤ 《梦华》：孟元老的《东京梦华录》。

⑥ 慵惰：懒惰。

⑦ 摭（zhí）：拾取；摘取。

⑧ 忾（xì）我寤（wù）叹：醒过来就叹气。《诗·曹风·下泉》："忾我寤叹，念彼京周。"忾，叹息。寤，睡醒。

⑨ 四水潜夫：作者周密。

卷一

庆寿册宝

寿皇①圣孝，冠绝古今②，承颜两宫，以天下养，一时盛事，莫大于庆寿之典，今撷录大略于此。淳熙三年，光尧③圣寿七十，预于旧岁冬至加上两宫尊号，立春日行庆寿礼。至十三年，太上八十，正月元日再举庆典，其日文武百僚④，集大庆殿，各服朝服，用法驾⑤五百三十四人，大乐四十八人，架乐正⑥乐工一百八十八人（宋廷佐刻本云："大乐四十八架正乐一百八十八人。"），及列仪仗鼓吹于殿门外。上服通天冠⑦、绛纱袍⑧、执大圭⑨，恭行册宝之礼。鼓吹振作，礼仪使⑩以下，皆导从，上⑪乘辇从至德寿宫，俟太上升御座，

---

① 寿皇：宋孝宗赵昚，因其禅位于光宗后被上尊号为"至尊寿皇圣帝"，简称"寿皇"。
② 冠绝古今：从古至今独一无二。
③ 光尧：宋高宗赵构禅位后被上尊号为"光尧寿圣宪天体道性仁诚德经武纬文绍业兴统明谟盛烈太上皇帝"，此处简称为"光尧"。
④ 文武百僚：文武百官。
⑤ 法驾：皇帝的车驾。
⑥ 乐正：古时乐官之长。
⑦ 通天冠：皇帝戴的一种帽子。
⑧ 绛纱袍：深红色纱袍。古代常用为朝服。
⑨ 大圭：古代皇帝所执的玉质手板。形状狭长而锐上，略似剑尖。
⑩ 礼仪使：唐宋时，国有大事，都要任命大臣来掌管，称之为礼仪使。
⑪ 上：皇上。下同。

宫架①乐作，皇帝北向再拜，奏起居②，致词曰："臣某稽首③言，伏惟（圣号④）太上皇帝陛下，寿同天永，德与日新。典册扬徽⑤，华夷赖庆⑥。"左相宣答曰："（圣号）太上皇帝圣旨，皇帝迎阳展采⑦，镂牒荣亲⑧，何幸吾身屡观盛事。"次皇太子以下称贺致词，宣答讫⑨，并再拜舞蹈，礼毕，次诣太上皇后殿，行礼如前。候解严⑩讫，皇帝入宫，进奉礼物，行家人礼。御宴极欢。自皇帝以至群臣禁卫吏卒，往来皆簪花⑪。后三日，百官拜表称贺于文德殿，四方万姓⑫，不远千里，快睹盛事。都民垂白之老，喜极有至泣下者。杨诚斋诗云："长乐宫⑬前望翠华，玉皇⑭来贺太皇家。青天白日仍飞

---

① 宫架：宫廷中悬挂乐器的支架。宫架乐为宫廷音乐的一关。

② 奏起居：询问起居状况。

③ 臣某稽首：孝宗对太上皇赵构自称臣。稽首，古代所行的一种跪拜礼。

④ 圣号：代指赵构二十余字的尊号，因其太长，故作者将其省略。

⑤ 典册扬徽：青史流芳的意思。典册代指史书，徽即美、善之意。

⑥ 华夷赖庆：天下的百姓都因太上皇而得福。

⑦ 展采：展其官职，记功著业，即述职之意。

⑧ 镂牒荣亲：指册宝。意指册宝使父母尊荣。

⑨ 讫：完毕。

⑩ 解严：解除戒严状态。

⑪ 簪花：插花于冠。

⑫ 四方万姓：四面八方的百姓。

⑬ 长乐宫：汉代太后所居之宫名。这里代指德寿宫。

⑭ 玉皇：宋孝宗。

雪，错认东风转柳花。""春色何须羯鼓①催，君王元日②领春回。牡丹芍药蔷薇朵，都向千官帽上开。"任斯庵诗云："金爵③觚棱④晓色开，三朝喜气一时回。圣人先御红鸾扇，天子龙舆万骑来。""霜晓君王出问安，宝香随辇护朝寒。五云⑤深处三宫宴，九奏声中二圣欢。"

四孟⑥驾出

先期禁卫所阁门⑦牒⑧临安府约束居民，不许登高及衩祖⑨观看。男子并令衫带，妇人裙背。仍先一日封闭楼门，取责知委⑩，不许容着来历不明之人。殿步三司⑪，分拨统制将官军兵六千二百人摆龊⑫诸巷（大礼则倍此数）。至日五鼓，地分头项⑬沿门驱逐杂人外，仪卫节次⑭如后：

---

① 羯（jié）鼓：古代打击乐器的一种，源于印度，可以从两头敲打。

② 元日：正月初一。

③ 金爵：屋脊上装饰性的铜凤。

④ 觚（gū）棱：殿堂屋角的瓦脊。

⑤ 五云：五色祥云。这里代指皇帝的居处。

⑥ 四孟：四季中各季的第一个月。孟春为一月，孟夏为四月，孟秋为七月，孟冬为十月。

⑦ 阁（gé）门：中央官署名，内阁之略称。

⑧ 牒：下发公文、通知的意思。

⑨ 衩（chà）袒：不拘礼仪只穿便服，或袒衣露体。

⑩ 取责知委：各负其责，各有委任。

⑪ 殿步三司：宋代负责京城保卫治安的官衙。即殿前司、侍卫司马军、步军的合称。

⑫ 摆龊（chuò）：犹密布。

⑬ 地分头项：各地段的头目。

⑭ 节次：次序。

地分约拦①；

诸厢约拦；

缉捕使臣；

都辖官约拦；

军器库从物；

内藏库从物；

御酒库从物；

御厨从物；

祗候库从物；

骐骥院御马（两行）；

御药院药架；

引从舍人（两行）；

诸司库务官（两行）；

搜视行宫司；

行宫殿门；

控拢亲从②（二百十五人）；

前驱亲从（两行各二十一人）；

赞喝舍人③（两行各八人）；

---

① 约拦：这里指负责约束阻拦百姓。
② 控拢亲从：皇帝驾马的侍从。
③ 赞喝舍人：负责仪礼中礼赞、唱名的官员。

天武①（两行各八人居外）；

都下亲从（两行各八人居内）；

驾头②（阁门祗候乘骑捧驾）；

引驾主首③（两行各五人。宋刻"引驾主首"作"引主驾首"）；

阁门提点（两行）；

御史台知班④（两行）；

尚书省录事⑤；

密院副承旨；

珠子御座；

御马院马（喝岔座御。宋刻"院马御马，喝御座"。"岔"字似误）；

阁门簿书（两行）；

宣赞舍人（两行）；

茶酒班；

环卫官⑥；

---

① 天武：属于殿前司的禁军。五代时禁军叫控鹤，年龄大的叫宽衣控鹤，宋太平兴国时便改控鹤为天武，宽衣控鹤为天武散手。

② 驾头：宋代帝王出行时，要有内臣抱香木所做的豪华御座于马上，称为驾头。

③ 引驾主首：在皇帝车驾前引导的官员。

④ 御史台知班：御史台的官员，掌管朝会威仪。

⑤ 尚书省录事：尚书省官员，掌管官员考勤。

⑥ 环卫官：禁卫官。宋代为宗室所设的官职，共有四十八阶，都是虚衔，并无差遣。

带御器械；

拦前等；

辇官人员；

逍遥辇①（辇官十六人）；

御辇院官；

阁门承受（两行）；

御燎子头笼②；

翰林司官；

御丝鞋所；

御服所；

御座马（两行十四）；

马院总管；

御军器库；

睿思殿库；

阁门库（宋刻"阁子库"）；

阁门觉察官（两行）；

长入祗候（两行各二十六人）；

茶酒班殿侍（各二十一人。宋刻"三十一人"）；

快行亲从（各三十二人）；

---

① 逍遥辇：宋代帝王座轿名。
② 御燎子头笼：皇帝所用的烛笼之类的陈设物。

击鞭①（两行各七人。宋刻"击鞭"作"系鞭"）；

殿前指挥使（两行各二十一人居外。宋刻"三十一人"）；

茶酒班殿侍（两行各六人，执从物居内）；

编排禁卫行子（三十人于内往来编排。宋刻"三十一人"）；

等子②人员十将（两行各四人居外）；

御龙直③（共八十二人执从物居内）；

知阁门事（乘马行围子④内）；

步帅（乘马行围子内）；

亲从方围子（两行各一百四十人）。

围子两边各四重：

第一重（内殿直以下两边各一百人）；

第二重（崇政殿围子两边各一百人）；

第三重（御龙直两边各一百人）；

第四重（崇政殿围子两边各一百人）。

水手并觑捕等子（两边各五人。宋刻"觑"误"戏"）；

拦前崇政殿亲从（十七人）；

殿帅（乘骑行围子内中道）；

主管禁军所（内官）；

---

① 击鞭：帝王出行，专门有人挥动响鞭使人肃静。

② 等子：宋制，担任御前仪卫的军职人员中有等子。

③ 御龙直：宋禁军番号名。宋朝皇帝最亲近这扈从禁军步军诸直中有族御马直，北宋太宗太平兴国二年（公元977年）改称族御龙直，后改为御龙直。

④ 围子：指帝王巡幸时的仪卫。

等子（两边各二十五人居外。宋刻"禁军"作"禁卫"）；

中道（第二日并恭谢。教坊乐人迎驾，念致语口号等，并教坊乐部于此排立）；

快行亲从（两行各三十人。宋刻"行"作"边"）；

麈①、斧②、拂子；

水晶骨朵③；

香球（二人。宋刻作"香球二"，连文大字，无"人"字）；

打烛快行（两行，驾回不用）；

编排官（二人）；

执烛笼亲从（两行，各七十四人，到众安桥去烛驾回先行。宋刻"烛笼"作"灯笼"）；

行门④（两行各十二人）；

当食官；

听宣官；

辇官人员；

平辇（辇官十六人）；

黄罗御伞（二）；

黄罗御扇（二）；

---

① 麈(zhǔ)：古书上指鹿一类的动物。尾巴可以制拂尘，故称拂尘为麈尾，也简称麈。

② 斧：斧钺。

③ 骨朵：古代的一种兵器，顶端缀一蒜形或蒺藜形的头，以铁或坚木制成，唐以后用为刑杖，宋以后并用为仪仗，俗称金瓜。

④ 行门：行门禁卫的简称。

挟辇御药；

带插外御带；

带插阁下官；

阁门觉察舍人；

拦后围子；

挟辇指挥使（各二十一人）；

辇后乐（东西两边共三十六人，第一日不作。宋刻云："东西两班各三十六人"）；

天武（两行各八人居外）；

都下亲从（两行各八人）；

扇筤①；

挟辇内殿直（各二十二人）；

宰臣；

使相②；

执政③；

宰执后约拦亲从（二十二人。宋刻"二十二人"上有"各"字）；

---

① 扇筤（láng）：古仪仗中伞的曲盖，为古华盖的遗制。

② 使相：官名。晚唐时期，为了笼络跋扈一时的节度使，朝廷授予他们同平章事的头衔，与宰相并称，号为使相。

③ 执政：宋称参知政事、门下侍郎、中书侍郎、尚书左右丞、枢密使、枢密副使、知枢密院事、同知枢密院事为执政官，金、元制略同。

从驾臣僚分东西两班（东班系尚书、侍郎两制①等官，西班系正位宗室遥郡②。宋刻"位"作"任"）；

阁门觉察宣赞舍人；

侍从后约拦亲从（各二十二人）。

车驾所经，诸司百官（宋刻云："诸百官司"）皆结彩门，迎驾起居。俟驾头将至，知班行门喝"班到排立"；次喝"躬身拜，再拜（驾回不拜，值雨免拜）"；班首奏圣躬万福，喝唱（宋刻"唱喏"）直身立（蹴巷军兵则呼"万岁"）。

大礼

（南郊③·明堂④）

三岁一郊，预于元日降诏，以冬至有事于南郊，或用次年元日行事（明堂止于半年前降诏，用是岁季秋上辛日⑤）。先于五六月内择日命司漕（宋刻"司"作"帅"）及修内司⑥修饰郊坛，及绞缚⑦青城⑧斋殿等屋，凡数百间，悉覆以苇席，

---

① 两制：指翰林学士与中书舍人，二者皆为负责起草皇帝诏书的人，故称两制。

② 遥郡：宋代武官名。共分五阶，被视为美职，落阶官（不带其他阶官）称正任，正任官属非常调磨勘官。

③ 南郊：都城之外叫郊，南郊即城南之郊，帝王每年冬至日在圜丘祭天，因其在南郊，故亦称此祭典为南郊。本文所述为南郊与明堂两种大礼。

④ 明堂：古代帝王宣明政教的地方。

⑤ 季秋上辛日：农历九月上旬的辛日。

⑥ 修内司：官署名。北宋、金、元皆置。宋属将作监，掌宫殿、太庙修缮事务。

⑦ 绞缚：绞为缠绕，缚为捆扎，绞缚即装饰之意。

⑧ 青城：宋代祭天的宫殿名。

护以青布，并差官兵修筑泥路，自太庙至泰禋门，又自嘉会门至丽正门，计九里三百二十步（明堂止自太庙①至丽正门），皆以潮沙填筑，其平如席，以便五辂②之往来。

每队各有"歌头"，以彩旗为号，唱和《杵歌》等曲以相③两街，居民各以彩缎钱酒为犒。又命象院教象前导朱旗，以二金三鼓为节④，各有幞头⑤紫衣蛮奴⑥乘之，手执短镢⑦，旋转跪起，悉如人意。市井因竞市绘塑小象以馈遗四方⑧。又以车五乘，压之以铁，多至万斤，与辂轻重适等，以观疾徐倾侧之势。至前一月进呈，谓之"闪试⑨"。及驾出前一日，缚大彩屋于太庙前，置辂其中，许都人⑩观瞻。

先自前一月以来，次第按试习仪，殆无虚日。郊前十日，执事陪祀等官，并受誓戒⑪于尚书省（宗室赴太庙受誓戒）。前三日，百官奏请皇帝致斋于大庆殿。

---

① 太庙：皇家供奉祖宗的庙堂。
② 五辂：古代帝王所乘的五种车子，即玉辂、金辂、象辂、革辂、木辂。
③ 相：伴随着劳动而唱歌的意思。
④ 以二金三鼓为节：用两面锣与三面鼓来约束大象的行进。
⑤ 幞头：一种头巾。亦名"折上巾"。
⑥ 蛮奴：对南方落后部族的蔑称。
⑦ 镢（jué）：一种用来挖掘土地的农具。这里似指一种兵器。
⑧ 竞市绘塑小象以馈遗（wèi）四方：竞相出售画的或塑的小象，来作为赠送亲友的礼物。
⑨ 闪试：对车辆适应突变能力的测试。
⑩ 都人：京都人。这里指杭州人。
⑪ 誓戒：宣誓遵守祭祀之戒律。

是日①，上服通天冠、绛纱袍、靖结佩②，升高座，侍中奏请降座，就斋室。次日，车驾诣景灵宫，服衮冕行礼（仪从并同四孟③）。礼毕驾回，就赴太庙斋殿宿斋。是夕④四鼓⑤，上服衮冕⑥，诣祖宗诸室行朝飨⑦之礼。是夜⑧，卤簿⑨仪仗军兵于御路两旁分列，间以椶盆贲烛，自太庙直至郊坛泰禋门，辉映如昼。宰执亲王，贵家巨室，列幕栉比⑩，皆不远千里，不惮⑪重费，预定于数月之前，而至期犹有为有力所夺者⑫。珠翠锦绣，绚烂于二十里间，虽寸地不容闲也。歌舞游遨⑬，工艺百物，辐辏⑭争售，通宵骈阗⑮，至五鼓则

---

① 是日：此日，这一天。

② 靖（zhēng）结佩：古者君子必佩玉，取其行而有声，而帝王斋戒，当静以致思，不宜有乐，故靖结其佩。靖，屈。

③ 仪从并同四孟：礼节与随从与前"四孟驾出"相同。

④ 是夕：这天夜里。

⑤ 四鼓：四更，夜里一点到三点。下文的"五鼓"为三点到五点。

⑥ 衮冕：衮衣和冠冕，古代帝王与大夫的礼服与礼帽。

⑦ 朝飨（xiǎng）：朝会宴飨。

⑧ 是夜：这天夜里。

⑨ 卤簿：帝王驾出时扈从的仪仗队。卤指甲盾，兵士先后次序都要登载于簿册，故为卤簿。

⑩ 栉（zhì）比：像梳子齿那样密密地排着。

⑪ 不惮：不怕。

⑫ 至期犹有为有力所夺者：到时候还有人被更有势力的人侵占的情况。

⑬ 游遨：嬉游；游逛。

⑭ 辐辏（còu）：形容人或物聚集像车辐集中于车毂（gǔ）一样。

⑮ 骈（pián）阗（tián）：聚集；罗列。

穮稍①先驱,所至皆灭灯火,盖清道被除②之义。黎明,上御玉辂,从以四辂(金、象、革、木),导以驯象,千官百司,法驾仪仗,锦绣杂遝③,盖十倍孟飨之数④,声容文物,不可尽述⑤。次第⑥出嘉会门,至青城宿斋⑦(明堂则径入丽正门斋殿斋宿)。

四壁皆三衙诸军,周庐⑧坐甲⑨,军幕旌旗,布列前后,传呼唱号,列烛互巡,往来如织。行宫至暮则严更警场⑩(太庙斋宿亦然。宋刻误"警惕"),鼓角轰振。又有卫士十余队,每队十余人,互喝云:"是与不是?"众应曰:"是!"又喝云:"是甚人?"众应曰:"殿前都指挥使某人。"谓之"喝拦"(宋刻作"探")。至三鼓,执事陪祀官并入,就黄坛排立,万灯辉耀,灿若列星。凡龊灯⑪皆自为志号,谓如捧俎⑫官(宋刻无"谓"字)则画一人为捧俎之状等类。盖灯多,不容不

---

① 穮(bó)稍(shuò):卫仗名。卫仗,天子出行时用以护卫的仪仗。

② 清道被除:古代帝王或官吏外出时在前引路,驱散行人。

③ 杂遝(tà):纷乱;杂乱。

④ 十倍孟飨之数:指其烦琐盛大十倍于"四孟驾出"。

⑤ 不可尽述:不可详述。

⑥ 次第:指依次,按照顺序或以一定顺序,一个接一个地。

⑦ 宿斋:古代指举行祭祀等礼仪前的斋戒。

⑧ 周庐:古代皇宫周围所设警卫及庐舍。

⑨ 坐甲:兵士拥甲而坐。

⑩ 严更警场:这里指以鼓声来戒止行人。严更,夜晚督促行人的鼓声。

⑪ 龊(chuò)灯:持灯。亦指持灯的人。

⑫ 俎(zǔ):古代祭祀时盛肉的器物。

以此辨认，亦有好奇可笑者。用丑时一刻行事。

至期，上服通天冠、绛纱袍，乘辇，至大次①，礼部侍郎奏中严②外辨，礼仪使奏请皇帝行事。上服衮冕③，步至小次，升自午阶。天步所临④，皆藉以黄罗⑤，谓之"黄道"。中贵⑥一人，以大金合贮片脑⑦迎前撒之。礼仪使前导，殿中监进大圭。至版位⑧，礼直官奏："有司谨具，请行事。"（宫架乐作。自此上进止皆乐作）时壝坛⑨内外，凡数万众，皆肃然无哗。天风时送，佩环韶濩⑩之音，真如九天吹下也。太社令升烟燔⑪牲旨首（宋刻无"旨"字）。上先诣昊天⑫位，次皇地祇⑬，次祖宗位，奠玉，祭酒，读册，文武二舞⑭，次

---

① 大次：帝王祭祀时临时休息的篷帐。

② 中严：谓中庭戒备。古代帝王元旦朝会或郊祀等大典的仪节之一。

③ 衮（gǔn）冕（miǎn）：衮衣和冕。古代帝王与上公的礼服和礼冠。

④ 天步所临：指皇上所走到的地方。

⑤ 黄罗：黄色的丝织品。

⑥ 中贵：受皇帝宠信的宦官。

⑦ 片脑：冰片龙脑香。

⑧ 版位：指古代举行典礼时以板牌标明的参加者的就位处。

⑨ 壝（wéi）坛：祭坛。壝，古代祭坛四周的矮墙。

⑩ 韶濩（hù）：指庙堂、宫廷之乐。泛指雅正的古乐。

⑪ 燔（fán）：焚烧；烤。

⑫ 昊天：中国文化中昊天上帝的简称，作为华夏文明圈的至高神，自古受到朝廷祭祀。

⑬ 皇地祇：后土皇地祇，俗称"后土娘娘"，即女娲娘娘。

⑭ 文武二舞：宫廷雅乐舞蹈，分为文舞与武舞两种，文舞又名治康，武舞名凯安。

亚终献①，礼毕（宋刻"礼毕"上有"行"字）。上诣饮福位，受爵，饮福酒②（登歌乐作）。礼直官喝"赐胙③"，次"送神"，次"望燎"讫④，礼仪使奏礼毕。上还大次，更衣，乘辇还斋宫，百僚追班⑤，贺礼成于端诚殿。

黎明，上乘大安辇，从以五辂进发。教坊排立，奏念致语⑥口号讫，乐作，诸军队伍，亦次第鼓吹振作，千乘万骑，如云奔潮涌，四方万姓，如鳞次蚁聚⑦，迤逦⑧入丽正门。教坊排立，再奏致语口号，舞毕，降辇小憩，以俟辨严⑨，登门肆赦⑩。弁阳老人⑪有诗云："黄道宫罗瑞脑香，衮龙升降佩锵锵。大安辇奏乾安曲，万点明星簇紫皇。"又曰："万骑云从簇锦围，内官排办马如飞（宋刻"办"作"立"）。

---

① 亚终献：亚献和终献。古代祭祀时献酒三次，第二次献酒称"亚献"，第三次献酒称"终献"。

② 福酒：古代祭祀时所余下的酒。

③ 赐胙：把祭祀后的肉赐给群臣。

④ 讫：完毕。

⑤ 追班：指百官按位次排列谒见皇帝。

⑥ 致语：又叫"致辞"，即演出前朗诵的几句吉利话，一般是歌颂皇帝的功德。

⑦ 鳞次蚁聚：像鱼鳞那样密密排列，像蚂蚁那样聚集。

⑧ 迤（yǐ）逦（lǐ）：缓行貌。

⑨ 辨严：置办行装。

⑩ 肆赦（shè）：犹缓刑，赦免。

⑪ 弁阳老人：周密。

九重阊阖①开清晓,太母②登楼望驾归。"李鹤田诗云:"严更频报夜何其,万甲声传远近随。栀子灯前红炯炯,大安辇上赴坛时。"

郊坛,天盘至地高三丈二尺四寸,通七十二级,分四成;上广③七丈,共十二阶,分三十六龛;午阶阔④一丈,主上升降由此阶,其余各阔五尺。

圆坛之上,止设昊天上帝、皇地祇二神位,及太祖、太宗配天。

十六龛(案上云"三十六龛",此云"十六龛",或有误)共祀五帝、太乙、感生、北极、北斗,及分祀众星三百六十位。

仪仗用六千八百八十九人,自太庙排列至青城。

玉辂下祇应人⑤共三百二十一人:

呵喝人员二人;

教马官二人;

挟捧轮将军四人;

推轮车子官健八人;

驾士班直二百三十二人;

千牛卫将军二员;

---

① 阊(chāng)阖(hé):指天宫的南门。也指皇宫的正门。

② 太母:泛称皇帝的母亲和祖母。

③ 广:宽度,横向尺寸。

④ 阔:宽度。

⑤ 祇应人:指侍从。

抱太常龙旗官六员；

职掌五人；

专知官一名；

手分①一名；

库子②八人；

装挂匠二人；

诸作工匠十五人；

盖覆仪鸾司十一人；

监官三员。

金、象、革、木辂，每辂下一百五十六人。

玉辂青饰；

金辂黄饰；

象辂红饰；

革辂浅色饰；

木辂黑饰（辂下人冠服并依辂色）。

玉辂前仪仗骑导：

骑导官；

左壁文臣；

右壁武臣。

六军仪仗官兵二千二百三十二人。

---

① 手分：官府中办事的官吏。
② 库子：管理仓库的官吏。

左右诸卫将军（宋刻无"卫"字）；

十三员（中道五员，左右八员）；

金吾街仗司：

执穰稍八十人；

摄将军八员；

仗下监门二十六员；

鼓吹五百八十三人；

导架乐人三百三十人。

登门肆赦

其日，驾自文德殿，诣①丽正门御楼，教坊作乐迎导，参军色②念致语，杂剧色念口号。至御幄③降辇，门下阁门进"中严外辨"牌讫，御药喝唱"卷帘"（宋刻无"唱"字），上出幄临轩，门下鸣鞭，宫架奏曲，帘卷扇开，乐止，撞右五钟。

黄伞才出，门下宰臣以下两拜，分班立。门上中书令称："有敕，立金鸡④门下。"侍郎应喏，宣奉敕立金鸡。鸡竿一起，门上仙鹤童子捧赦书降下阁门，接置案上，太常寺击鼓，鼓止，捧案至楼前中心。知阁称"宣付三省⑤"，参政跪受，

---

① 诣：前往。

② 参军色：杂剧假官戏的角色名。这里指演出节目的引戏人，通常指挥演员的进出场。

③ 御幄：皇上的帐篷。

④ 金鸡：古代帝王颁赦诏的时候，要立一竿，竿上有盘，立金鸡，衔红幡，上书"皇帝万岁"四字。

⑤ 宣付三省：交给三省办理。三省即中书省、门省及尚书省。

捧制书①出班跪奏，请付外施行。门上中书令承旨宣曰："制可。"门下参政称："宣付三省。"遂以制书授宰臣跪受讫，阁门提点开拆，授宣赦。舍人捧诣宣制位，起居舍人一员摘句读。舍人称："有制。"宰臣以下再拜。俟读至"咸赦除之"，狱级奏脱枷讫②，罪囚应喏，三呼万岁，歌呼而出。候宣赦讫，门上舍人赞，枢密及中书令曲贺两拜，门下宣制舍人捧赦制书授宰臣（宋刻无"赦"字），宰臣授刑部尚书，尚书授刑房录事讫，归班两拜，致词，三舞蹈，三叩头。知阁称："有制。"宰臣以下再拜。知阁宣答云："若时大庆，与卿等同之。"又拜舞如前。门上中书令奏礼毕，扇合，宫架③乐作，帘降，乐止，撞左五钟。

　　门下礼部郎中奏解严，上还幄次④，门下鸣鞭，舍人喝："奉敕放仗。"宰臣以下再拜退。次宣劳将士讫，乘辇归内，至南宫门教坊迎驾，念致语口号如前。至文德殿降辇，舞毕退。弁阳翁诗云："换辇登门卷御帘，侍中承制舍人宣。凤书乍脱金鸡口，一派欢声下九天。"

　　金鸡竿，长五丈五尺，四面各百戏⑤，一人缘索⑥而上，

---

① 制书：皇帝的诏书。
② 狱级奏脱枷讫：主管监狱的官吏奏陈已经把枷去掉了。
③ 宫架：指古代宫廷中悬挂乐器的支架。这里指宫廷乐队。
④ 幄次：古代帝王休憩或祀神用的帷帐。
⑤ 百戏：古代对乐舞杂技的总称，亦名"散乐"。
⑥ 缘索：沿着绳索。

谓之"抢金鸡"。先到者得利物①，呼万岁。（缬罗袄子一领，绢十匹，银碗一只重三两）

诸州进奏院各有递铺腰铃黄旗者②数人，俟宣赦讫，即先发太平州、万州、寿春府③，取"太平万寿"之语。以次俱发铃声。满道都人竞观。

楼下排立次第：

青龙、白虎旗各一；

信旗二；

方扇二；

方圆罕毕④二；

幢⑤四；

剑二；

将军二；

僧众（居左）；

道众（居右）；

玉辂（居中）；

太常宫架乐；

---

① 利物：竞赛的奖品、彩头。

② 递铺腰铃黄旗者：传送文书的人，他们身佩铃铛、手持黄旗。

③ 太平州、万州、寿春府：太平州，今安徽当涂。万州，今重庆万县。寿春府，今安徽寿县。之所以先为这几个地方发赦令，不过是取其名字的吉利罢了。

④ 罕毕：古代帝王的一种仪仗。

⑤ 幢：古代作仪仗的一种旗帜。

宣赦台；

招拜红旗^①；

击鼓（宋刻"系鼓"）；

三院罪囚狱级（居左）；

御马六匹（居右）；

宣制位（居中）；

横门；

快行；

承旨；

三省官以下。

恭谢

大礼后，择日行恭谢礼^②。第一日驾出，如四孟仪，诣景灵宫天兴殿圣祖前行恭谢礼，次诣中殿祖宗神御前行礼，还斋殿进膳讫，引宰臣以下赐茶，茶毕奏事讫还内。第二日上乘辇，自后殿门出，教坊都管以下于祥曦殿南迎驾起居，参军色念致语，杂剧色念口号，乐作，驾后乐东西班则于和宁门外排立后从作乐。将至太乙宫，道士率众执威仪于万寿观前，入围子内迎驾起居作法事，前导入太乙宫门降辇，候班齐，诣灵休殿参神，次诣五福、十神太乙，次诣申佑殿（本命）、北辰殿、通真殿（佑圣）、顺福殿（太后本命）、延

---

① 招拜红旗：一种引导进退礼节的信号旗。

② 恭谢礼：帝王在大礼后，要向神灵与祖宗礼拜恭谢，称为恭谢礼。

寿殿（南极）、火德殿，礼毕，宣宰臣以下合赴坐宫并簪花，对御赐宴。上服幞头，红上盖，玉束带，不簪花。教坊乐作，前三盏用盘盏，后二盏屈卮①。御筵毕，百官侍卫吏卒等并赐簪花从驾，缕翠滴金，各竞华丽，望之如锦绣。衙前乐都管以下三百人，自新桩桥西中道排立迎驾，念致语、口号如前。乐动《满路花》，至殿门起《寿同天》曲破②，舞毕退。姜白石有诗云："六军文武浩如云，花簇头冠样样新。惟有至尊浑不戴，尽将春色赐群臣。""万数簪花满御街，圣人先自景灵回。不知后面花多少，但见红云冉冉来。"（是日，皇后及内中车马先还。宫中呼后为"圣人"）

圣节

其日，候宰执奏事讫，追班，上坐垂拱殿，先引枢密院③并管军官上寿（东京分为二日，今只并为一日），礼毕，再坐紫宸殿，上公以下分立，候奏班齐，上公诣御茶床前，躬进御酒，跪致词云："文武百僚臣（某）等稽首言：天基令节（圣节名逐朝换④），臣等不胜大庆，谨上千万岁寿。"下殿再拜。枢密宣答云："得公等寿酒，与公等内外同庆。"

---

① 屈卮（zhī）：有曲柄的酒杯。
② 曲破：又叫"入破"或"破"，是大曲中最精彩的部分，节奏紧促，有歌有舞，在"攧"之后。
③ 枢密院：总理全国军务的最高机关。简称"枢府"。掌国防机密、兵防、边备、戎马等政令；有枢密使、副使等职。与中书门下省共掌文、武大权，称为东、西二府。
④ 圣节名逐朝换：因每个帝王为自己生日命名的节日名都不同，这里作者只是以理宗为例，故注明"逐朝换"。

又再拜，教坊乐作，接盏讫，跪起舞蹈如仪。阁门官喝："不该赴坐官先退①。"枢密喝群臣升殿，阁门分引上公以下合赴坐宫升殿。第一盏宣视盏②，送御酒，歌板色③唱《祝尧龄》，赐百官酒，觱篥④起，舞《三台》⑤（后并准此），供进内咸豉⑥。第二盏赐御酒，歌板起中腔，供进杂爆⑦。第三盏歌板唱踏歌⑧，供进肉鲊⑨，候内官起茶床，枢密跪奏礼毕，群臣降阶，舞蹈拜退。此上寿仪大略⑩也。若赐宴节次，大率⑪如《梦华》所载，兹不赘书⑫。今偶得理宗朝禁中⑬寿筵乐次，

---

① 不该赴坐官先退：品级不够的官吏可以先退了。

② 宣视盏：宣示盏。皇帝举盏，从东到西，宣示群臣，示意开宴。

③ 歌板色：教坊的小唱演员。

④ 觱（bì）篥（lì）：也称管子。双簧管乐器，即"笳篥"。多用于军中和民间音乐。流行于我国各地，为汉族、维吾尔族、朝鲜族等多民族所喜爱。

⑤ 舞《三台》：随《三台》曲而进行舞蹈表演。

⑥ 咸豉：菜名。《居家必用事类全集·庚集》："咸豉：熟面筋丝碎、笋片、木耳、姜片或加蘑菇、桑莪（é）、蕈，下油锅炒半熟，倾入擂烂酱、椒、沙糖、少许粉茨，煏熟，候汁干供。"

⑦ 杂爆：菜名。杂用多种食材爆炒的菜。

⑧ 踏歌：中国传统舞蹈。这一古老的舞蹈形式源自民间，远在两千多年前的汉代就已兴起，到了唐代更是风靡盛行。

⑨ 肉鲊（zhǎ）：腌肉。

⑩ 大略：大概；大要。

⑪ 大率：大致。

⑫ 赘书：多余地描写。

⑬ 禁中：指帝王所居宫内。

因列于此，庶可想见承平①之盛观也。

天基圣节排当②乐次（正月五日）：

乐奏夹钟宫，觱篥起《万寿永无疆》引子，王恩。

上寿第一盏，觱篥起《圣寿齐天乐慢》，周润。

第二盏，笛起《帝寿昌慢》，潘俊。

第三盏，笙起《升平乐慢》，侯璋。

第四盏，方响③起《万方宁慢》，余胜。

第五盏，觱篥起《永遇乐慢》，杨茂。

第六盏，笛起《寿南山慢》，卢宁。

第七盏，笙起《恋春光慢》，任荣祖。

第八盏，觱篥起《赏仙花慢》，王荣显。

第九盏，方响起《碧牡丹慢》，彭先。

第十盏，笛起《上苑春慢》，胡宁。

第十一盏，笙起《庆寿乐慢》，侯璋。

第十二盏，觱篥起《柳初新慢》，刘昌。

第十三盏，诸部合《万寿无疆薄媚》曲破。

初坐乐奏夷则宫，觱篥起《上林春》引子，王荣显。

第一盏，觱篥起《万岁梁州》曲破，齐汝贤。

舞头，豪俊迈。

---

① 承平：指社会秩序安定平稳。

② 排当：帝王宫中布置饮宴称为排当。

③ 方响：古磬类打击乐器。由十六枚大小相同、厚薄不一的长方形铁片组成，分两排悬于架上。用小铁槌击奏，声音清浊不等。创始于南朝梁，为隋唐燕乐中常用乐器。

舞尾，范宗茂。

第二盏，觱篥起《圣寿永》歌曲子，陆恩显。

琵琶起《捧瑶卮慢》，王荣祖。

第三盏，唱《延寿长》歌曲子，李文庆。

嵇琴起《花梢月慢》，李松。

第四盏，玉轴琵琶独弹正黄宫《福寿永康》，宁俞达。

拍，王良卿。

觱篥起《庆寿新》，周润。

进弹子（宋刻"谭子"）笛哨，潘俊。

杖鼓，朱尧卿。

拍，王良卿。

进念致语等，时和。

伏以华枢纪节①，瑶墀②先五日之春；玉历发祥，圣世启千龄③之运。欢腾薄海④，庆溢大廷，恭惟。

皇帝陛下，睿哲⑤如尧，俭勤迈禹，躬行德化，跻民寿域⑥之中；洽洽泰和，措世春台之上⑦。

---

① 华枢纪节：中华帝王寿辰的日子。
② 瑶墀（chí）：玉阶。借指朝廷。
③ 千龄：千年，千岁。
④ 薄海：本指接近海边，后泛指海内广大地区。
⑤ 睿哲：圣明。
⑥ 寿域：谓人人得尽天年的太平盛世。
⑦ 措世春台之上：这里指帝王把世界治理得如春台一样美好。春台，登高游胜之地。

皇后殿下，道符坤顺，位俪乾刚①，宫闱②资阴教之修，海宇③仰母仪之正。有德者必寿，八十个甲子环周；申命其用休，亿万载皇图巩固。臣等生逢华旦，叨预伶官④，辄采声诗，恭陈口号：

上圣天生自有真，千龄宝运纪休辰。

贯枢瑞彩昭璇象，满室红光袅翠麟。

黄阁清夷瑶荚晓，未央闲暇玉卮春。

箕畴⑤五福咸敷敛，皇极躬持锡庶民。

日迟鸾旆⑥，喜聆舜乐之和；天近鵷墀⑦，宜进《齐谐》之伎⑧。上奉天颜。吴师贤已下，上进小杂剧：

杂剧，吴师贤已下，做《君圣臣贤爨⑨》，断送⑩《万岁声》。

第五盏，笙独吹，小石角《长生宝宴乐》，侯璋。

拍，张亨。

---

① 道符坤顺，位俪乾刚：古代人认为乾为阳、坤为阴，故以乾喻帝王、以坤喻皇后。这里赞扬皇后行事符合温顺的规范，同时也是帝王的好配偶。

② 宫闱（wéi）：帝王的后宫，后妃的住所。

③ 海宇：谓国境以内之地。

④ 伶官：乐官。

⑤ 箕畴：指《书·洪范》之"九畴"。相传"九畴"为箕子所述，故名。

⑥ 旆（pèi）：泛指旌旗。

⑦ 鵷（yuān）墀：朝堂。百官朝见天子之所。

⑧ 《齐谐》之伎：这里表示要给皇帝演出些滑稽节目来取乐。《齐谐》是古代记述滑稽诙谐故事的书。

⑨ 爨（cuàn）：五花爨弄，宋金时期流行的一种戏剧形式。

⑩ 断送：打发、发送的意思，指杂剧演出告一段落时，再送一乐曲。

笛起《降圣乐慢》，卢宁。

杂剧，周朝清已下，做《三京下书》，断送《绕池游》。

第六盏，筝独弹，高双调《聚仙欢》，陈仪。

拍，谢用。

方响起《尧阶乐慢》，刘民和。

圣花，金宝。

第七盏，玉方响独打，道调宫《圣寿永》，余胜。

拍，王良卿。

筝起《出墙花慢》，吴宣。

杂手艺，《祝寿进香仙人》，赵喜。

第八盏，《万寿祝天基》断队。

第九盏，箫起，《缕金蝉慢》，傅昌宁。

笙起，《托娇莺慢》，任荣祖。

第十盏，诸部合，《齐天乐》曲破。

再坐：

第一盏，觱篥起《庆芳春慢》，杨茂。

笛起《延寿曲慢》（宋刻无"曲"字），潘俊。

第二盏，筝起《月中仙慢》，侯端。

嵇琴起《寿炉香慢》，李松。

第三盏，觱篥起《庆箫韶慢》，王荣祖。

笙起《月明对花灯慢》，任荣祖。

第四盏，琵琶独弹，高双调《会群仙》。

方响起《玉京春慢》，余胜。

杂剧，何晏喜已下，做《杨饭》，断送《四时欢》。

第五盏，诸部合，《老人星降黄龙》曲破。

第六盏，觱篥独吹，商角调《筵前保寿乐》。

杂剧，时和已下，做《四偌少年游》，断送《贺时丰》。

第七盏，鼓笛曲，拜舞《六幺》①。

弄傀儡②，《踢架儿》，卢逢春。

第八盏，箫独吹，双声调《玉箫声》。

第九盏，诸部合，无射宫《碎锦梁州歌头》大曲。

杂手艺，《永团圆》，赵喜。

第十盏，笛独吹，高平调《庆千秋》。

第十一盏，琵琶独弹，大吕调《寿齐天》。

撮弄③，《寿果放生》，姚润。

第十二盏，诸部合，《万寿兴隆乐》法曲。

第十三盏，方响独打，高宫《惜春》。

---

① 《六幺》：又名《绿腰》《录要》《乐世》，是唐代有名的大曲之一，《教坊记》载有此曲。此曲节奏变化较为丰富，有"花十八"（前后十八拍，有四花拍，共二十二拍）等说法，到底是什么样的拍式，一直是今天音乐学家研究唐代大曲的重点之一。

② 傀儡：木偶戏。

③ 撮弄：变戏法。

　　　　　傀儡舞，鲍老。

第十四盏，筝、琶、方响合缠令①《神曲》。

第十五盏，诸部合，夷则羽《六幺》。

　　　　　巧百戏，赵喜。

第十六盏，管下独吹，舞射商《柳初新》(宋刻"春")。

第十七盏，鼓板。

　　　　　舞绾，《寿星》，姚润。

第十八盏，诸部合，《梅花伊州》。

第十九盏，笙独吹，正平调《寿长春》。

　　　　　傀儡，《群仙会》，卢逢春。

第二十盏，觱篥起，《万花新》曲破。

祗应人：

都管：

周朝清　陆恩显

杂剧色：

吴师贤　赵　恩　王太一　朱　旺（猪儿头）

时　和　金　宝　俞　庆　何晏喜

沈　定　吴国贤　王　寿　赵　宁

胡　宁　郑　喜　陆　寿

歌板色：

李文庆

---

① 缠令：宋代民间说唱艺术的一种曲调。

拍板色：

王良卿　张　亨　谢　用

箫色：

傅昌宁　朱明复　李允信

筝色：

陈　仪　豪辅文　吴　宣　豪俊贤　徐显祖
张　广

琵琶色：

王荣祖　俞　达　豪俊民　豪俊迈　段继祖

嵇琴[①]色：

李　松　侯　端　孙民显

笙色：

侯　璋　叶茂青　任荣祖　董　茂　张　瑾
潘　宝　姚　拱　范　椿　孙　昌　莫　正
周　珍　马　椿　姚舜臣　陈　保

觱篥色：

齐汝贤　周　润　杨　茂　王　恩　王荣显
姜师贤　刘　昌　杨　彬　王　福　杜　明
喻　祥　周忠恕　夏　福　徐　珏　周　喜
闻　澄　沈　寿　丁　预　郑　亨　周　佐

---

① 嵇琴：古琴的一种。相传为嵇康所创制。

杨　瑾　沈　康　郑　聪　莫　寿　潘显祖
时　润　胡　佾　周　信　李　圭　李　润
史　显　金　寿

笛色：

杨德茂　潘　俊　卢　宁　彭　俊　贺　昌
贺　寿　胡师文　寿　椿　姚　宝　张茂祖
崔　兴　朱　珍　张茂才　金　贵　潘显祖
沈　寿　周　兴　李大用　董大有　金　明
赵　喜　莫　及　张　春　叶　茂　胡　宁
任　显　张　椿　孙　宁　彭　进　李　荣
全　宁　金彦恭　董　喜　王　佑　来　亨
王　喜　顾　和　顾　松　金　显　董　宁
杜　松　李　椿　张　椿　何　福　管思齐
朱　喜　花　椿　李拱辰

方响色：

余　胜　彭　先　刘民和　黄　桂　姜大亨
张　荣

杖鼓色：

朱尧卿　冯　喜　时　忠　施　荣　朱拱辰
周　忠　李　显　姚　宝　叶　茂　李荣祖

大鼓色：

王　喜　邓　珍　王　宣　顾　荣

舞旋[1]**色：**

范宗茂

内中上教：

张　明　倪　椿　潘　恩　石　琇　张　琳

弄傀儡：

卢逢春等六人。

杂手艺[2]**：**

姚润等九人。

女厮扑[3]**：**

张椿等十人。

筑球[4]**军：**

陆宝等二十四人。

百戏：

沈庆等六十四人。

百禽鸣[5]**：**

胡福等二人。

---

① 舞旋：古代一种回旋的舞蹈。

② 杂手艺：杂技。

③ 厮扑：相扑。犹今之摔跤。

④ 筑球：古代以杖击或以足踢球。

⑤ 百禽鸣：学百鸟鸣叫的口技。

卷二

御教

寿皇留意武事，在位凡五大阅（乾道二年、四年、六年、淳熙四年、十年）。或幸白石，或幸茅滩，或幸龙山。一时仪文①士马、戈甲旌旗之盛，虽各不同，今撮其要，以著于此。

先一日，诸军人马全装执色②，于教场东布列军幕宿营。至日，殿前马步诸军先赴教场下方营，并亲随军排列将坛之后。质明③，三衙管军官并全装从驾。上自祥曦殿戎服乘马，太子、亲王、宰执、近臣并戎服乘骑，以从护圣。马军八百骑，分执枪旗弓矢军器，前后奏随军番部大乐④等（详见后"御教仪卫次第"）。驾入教场，升幄殿。殿帅执挝⑤，躬奏："诸司人马排齐。"（宋刻"排立齐"）举黄旗，招诸军，向御殿敲梆子（宋刻无"敲"字）。一鼓唱喏，一鼓呼"万岁"，再一鼓又呼"万岁"，叠鼓呼"万万岁"，又一鼓唱喏。殿帅奏取圣旨，鸣角发严。上御金装甲胄，登将坛幄殿，鸣角发严⑥。殿帅奏取圣旨，马步军整队成屯，以备教战。

---

① 仪文：礼仪形式。
② 全装执色：全副武装，装备、仪仗等器物。
③ 质明：天刚亮的时候。质，正。
④ 番部大乐：少数民族的音乐。
⑤ 挝（zhuā）：马鞭。
⑥ 鸣角发严：吹响号角，发出严阵以待的命令。

连三鼓，马军上马，步军起旗枪，分东西为应敌之势。举白旗教方阵，黄旗变圆阵，皂旗变曲阵，青旗变直阵，绯①旗变锐阵，绯心皂旗②变长蛇阵，绯心青旗（宋刻"白旗"）作伏虎阵。殿帅奏取圣旨，两阵各遣勇将挑战，变八圆阵。叠鼓举旗，左马军战右步军，右马军战左步军。再叠鼓交旗③，击刺混战。三叠金分阵大势，马军四面大战。三叠金④分阵⑤。殿帅奏教阵讫，取旨人马摆列，当头鸣角簇队，以候放教⑥。诸军呈大刀车炮烟枪诸色武艺。御前传宣，抚谕⑦将士，射生官⑧进献獐鹿。上更戎服，赐宰臣以下对御酒五行，殿帅奏取旨谢恩如前，唱喏讫，驾出教场。

是日，太上皇于都亭驿设帘幄以观。驾至，邀上入幄，宣唤管军官，赐大金碗酒于帘外。都人赞叹，以为盛观。时殿司旗帜以黄，马司以绯，步司以白。以道路隘促，只用从驾军一万四千二百人（宋刻"一万二千四百人"），分为二百四十八小队。戈甲耀日，旌旗蔽天，连亘⑨二十余里，

---

① 绯：红色。

② 绯心皂旗：红心黑旗。

③ 交旗：信号旗交叉摆动。

④ 三叠金：敲三次密锣。

⑤ 分阵：分开阵营。

⑥ 放教：发放教演敕令。

⑦ 抚谕：安抚晓谕。

⑧ 射生官：唐肃宗至德二年择射生手千人组成，称供奉射生官。

⑨ 连亘（gèn）：接连不断。

粲如锦绣。都人纵观，以为前所未有。凡支犒①金银钱帛以钜万计，悉出内库②，户部不与焉。

御教仪卫次第

文物仪卫并同四孟驾出，今止添入后项。

弹压前队侍立使臣都辖：

执黄团龙旗使臣（宋刻无"团"字）；

执绣龙旗使臣；

带弓箭、汗胯③、豹尾④使臣四员；

带汗胯、员琦剑⑤使臣十员（"琦"宋刻作"骑"，后同）。

弹压后队侍立使臣都辖：

黄罗戏珠龙旗。

黄绣龙旗二。

豹尾使臣四。

员琦剑使臣十人。

供进马四匹。

带甲御马。

御前金装甲马（宋刻"金"作"全"）。

---

① 支犒：支出和犒赏的费用。
② 内库：皇家的府库。
③ 汗胯：革带上可以悬挂兵器的饰物。
④ 豹尾：仪仗名，指豹尾旗，在赤黄布上画豹纹。
⑤ 员琦剑：用美玉做柄的剑。琦，美玉。

管押使臣幕士①。

内中正供马。

兽医押槽。

黄绣龙传宣旗二。

小龙传宣旗十。

随逐巡视官。

马院禁卫官。

引马监官二员。

供马监官二员。

圣驾供鞭通管二员。

掇梢提辖二员。

日乌独脚旗。

挟驾指挥使四十二人。

销金龙旗二。

犀皮御座椅。

钤②、锤、刀子（左）。

匙、箸③、刀子（右）。

青毡御笠。

褐毡御笠。

---

① 幕士：宫廷卫士。

② 钤（qián）：车辖。车轴两头的小插销。

③ 箸：筷子。

金凤瓶。

丝鞋箧子。

御膳箧子。

玉靶于阗刀①。

金洗漱②。

皂白御靴。

玛瑙于阗刀。

水晶于阗刀。

通犀③于阗刀。

角靶④于阗刀。

酒鳖子⑤（大、小）。

白豹皮杖榼⑥。

梳刷马盂袋。

黑漆套盘。

圭木套盘。

白虎皮杖榼。

---

① 玉靶于阗刀：用玉做刀柄的于阗刀。于阗，古西域国名，在今新疆和田一带，善造刀具。
② 金洗漱：黄金做的洗漱用具。
③ 通犀：犀牛角的一种，其角上有一白线通贯，故称通犀。
④ 角靶：用牛角做刀靶。
⑤ 酒鳖子：酒袋之类盛酒的东西。
⑥ 杖榼（kē）：可以挑在杖头的盛水或盛酒器具。榼，古代盛酒或盛水的器具。

销金弓箭葫芦。

虎豹皮弓箭袋葫芦。

饮水角。

拍板二。

哨笛四。

番鼓二十四人。

弹压乐器使臣。

管押训练官。

杏黄龙旗二。

觱篥二。

札子九。

大鼓十。

龙笛四。

从驾官宰臣以下（并如常日）。

临安①府弹压官属。

燕射②

淳熙元年九月，孝宗幸玉津园③讲燕射礼，皇太子、宰执、

---

① 临安：今浙江杭州。

② 燕射：古代重武习射，常举行射礼。射礼有大射、宾射、燕射、乡射四种。将祭择士为大射；诸侯来朝或诸侯相朝而射为宾射；宴饮之射为燕射；卿大夫举士后所行之射为乡射。

③ 玉津园：皇家园林。位于临安城南嘉会门外四里。

使相、侍从①正任②，皆从辇至殿门外少驻，教坊进念致语、口号，作乐，出丽正门，由嘉会门至玉津园，赐宴酒三行。上服头巾窄衣，束带丝鞋，临轩。内侍御带进弓箭，看箭人喝："看御箭。"教坊乐作，射垛③。前排立招箭班④应喏。皇帝第二箭射中，皇太子以下各再拜称贺，进御酒，并宣劝讫。皇太子及臣僚射弓，第四箭射中。上再射第五箭（宋刻"第三箭"）又中的，传旨不贺。舍人先引皇太子当殿赐窄衣、金束带；次引射中臣僚受赐如前。再进御酒，奏乐，用杂剧⑤。次赐宰臣以下十两银碗各一只。上赋七言诗⑥，丞相曾怀已下属和⑦以进。上乘逍遥辇出玉津园（宋刻有"门"字），教坊进念口号。至祥曦殿降辇。招箭班者服紫衣、幞头，叉手立于垛前，御箭之来，能以幞头取势转导入⑧的，亦绝技也。

公主下降

南渡以来，公主无及⑨嫁者，独理宗朝周汉国公主出降

---

① 侍从：宋代称翰林学士、给事中、六尚书、侍郎为侍从，中书舍人以下叫小侍从。

② 正任：官员不兼其他官职的称正任。

③ 射垛：土筑的箭靶。

④ 招箭班：查看箭靶的人，他们分立左右，大声唱喝是否射中。

⑤ 用杂剧：搬演杂剧来助兴。

⑥ 上赋七言诗：孝宗皇帝所赋七言诗名为《游玉津园赐皇太子以下官》。

⑦ 属和：群臣按皇帝的韵来作和诗。

⑧ 取势转导入：指顺着箭的来势，把箭引导至靶心。

⑨ 无及：来不及。

慈明太后侄孙杨镇，礼文颇盛，今摭梗概于此。先是择日，遣天使①宣召驸马至东华门，引见便殿，赐玉带、靴笏、鞍马及红罗百匹、银器百两、衣着百匹、聘财银一万两。对御赐筵五盏，用教坊乐。候毕，谢恩讫，乘涂金御仙花②鞍辔③、狨座④马，执丝鞭，张三檐伞，教坊乐部五十人前引还第⑤，谓之"宣系"。进财物件，并照《国朝会要》太常寺关报有司办造。先一月，宣宰执常服系鞋⑥，诣后殿西廊观看公主房奁⑦：

珍珠九翚⑧四凤冠；

褕⑨翟衣一副；

珍珠玉佩一副；

金革带一条；

玉龙冠；

绶玉环；

北珠冠花篦环；

---

① 天使：天子的使者。

② 御仙花：这里指荔枝。宋制规定某一品级可用御仙花图案。

③ 鞍辔（pèi）：鞍子和驾驭牲口的嚼子、缰绳。

④ 狨（róng）座：用狨皮连缀而成的坐褥，铺在马鞍上使用。狨，金丝猴。

⑤ 还第：回到驸马杨镇的家。

⑥ 常服系鞋：穿平常的衣服和有带子的鞋。

⑦ 房奁（lián）：妆奁，嫁妆。

⑧ 翚（huī）：古书中指一种有五彩羽毛的野鸡。

⑨ 褕（yú）：指皇后礼服中的一种。

七宝冠花篦环；

珍珠大衣、背子①；

珍珠翠领四时②衣服；

叠珠嵌宝金器；

涂金器；

贴金器；

出从贴金银装儋③等；

锦绣销金④帐幔、陈设、茵褥⑤、地衣、步障⑥等物。

其日，驸马常服玉带，乘马至和宁门，易冕服，至东华门，用雁币⑦、玉马等行亲迎礼（用熙宁故事⑧）。

公主戴九翚四凤冠，褕翟缠袖（宋刻本"缠"作"缥"），升儋。

其前：

天文官；

---

① 背子：半袖上衣，隋朝官人与百官女眷所穿，到唐代又改为半袖，成为礼见宾客的常服。

② 四时：指春、夏、秋、冬四季。

③ 儋（dàn）：儋子，类似于轿子，但没有屏障，用竹竿以人肩抬。

④ 销金：嵌金色线或嵌金色的物品。

⑤ 茵褥：褥垫。

⑥ 步障：用来遮蔽风尘或内外的屏幕。

⑦ 雁币：雁与币帛。古时用为聘问或婚嫁时之聘仪。

⑧ 熙宁故事：熙宁（公元1068—1077年）为北宋神宗赵顼的年号，这里指以熙宁年间公主出嫁的规矩来办理。

本位从物从人①；

烛笼二十；

本位使臣；

插钗童子八人；

方扇四；

圆扇四；

引障花十；

提灯二十；

行障、坐障。

皇后亲送，乘九龙辇子。皇太子乘马，围子左右两重。其后太师判宗正寺②荣王、荣王夫人及诸命妇③至第，赐御筵九盏。筵毕，皇后、太子先还，公主归位，行同牢④礼（用开宝礼）。然后亲行盥馈⑤舅姑⑥之礼（开宝通礼）。谒见⑦舅姑，用名纸⑧一副，衣一袭，手帕一盒，妆奁⑨，澡豆袋⑩，银器

---

① 本位从物从人：按照公主的身份所应有的陪嫁物与仆人。

② 宗正寺：专门掌管皇族事务的官署。

③ 命妇：封建时代被赐予封号的妇女，一般为官员的母亲、妻子。

④ 同牢：古代婚礼中，新夫妇共食一牲的仪式。

⑤ 盥（guàn）馈：侍奉尊者盥洗及进膳食。

⑥ 舅姑：古指公婆。

⑦ 谒（yè）见：进见（地位或辈分高的人）。

⑧ 名纸：名片。

⑨ 妆奁（lù）：古代小型妆具。常多重套装，顶盖与奁体相连。

⑩ 澡豆袋：应为"澡豆袋"，装澡豆的袋子。澡豆，古人洗澡所用卫生用品，用豆末和药制成。

三百两,衣着五百匹。余亲各有差①。三朝②,公主、驸马并入内谢恩,宣赐礼物,赐宴禁中。外庭③奉表称贺。赐宰执、亲王、侍从、内职、管军副都指挥使以上金银钱胜色子有差(依熙宁式。"胜色"宋刻作"盛包")。驸马家亲属,各等第④推恩⑤。

唱名

第一名承事郎⑥;

第二名、三名并文林郎;

第一甲赐进士及第⑦;

第二甲同进士及第;

第三甲、第四甲赐进士出身;

第五甲同进士出身;

武举⑧第一名秉义郎;

---

① 余亲各有差:其余的亲属各有不同。

② 三朝:指新婚后的第三天,俗称这一天新妇回娘家。

③ 外庭:外廷。对皇宫内(内廷)而言。指群臣等待上朝和办公议事的地方。这里借指朝臣。

④ 等第:名次等级(多指人)。

⑤ 推恩:帝王对臣属推广封赠,以示恩典。

⑥ 第一名承事郎:第一名的状元授予承事郎的官衔。

⑦ 及第:指科举考试应试中选,因榜上题名有甲乙次第,故名。隋唐只用于考中进士,明清殿试之一甲三名称赐进士及第,亦省称及第,另外也分别有状元及第、榜眼及第、探花及第的称谓。

⑧ 武举:科举考试中的武科,第一名即武状元。

特奏①第一名同进士出身。

上御集英殿拆号②唱进士名，各赐绿襕袍③、白简④、黄衬衫。武举人赐紫罗袍、镀金带、牙笏⑤。赐状元等三人酒食五盏，余人各赐泡饭。前三名各进谢恩诗一首，皆重戴⑥绿袍丝鞭，骏马快行⑦，各持敕黄⑧于前。黄幡⑨（宋刻"旗"）杂沓，多至数十百面，各书诗一句于上（宋刻无"一"字）。呵殿如云，皆平日交游亲旧相迓⑩之人，或三学使令斋臧辈⑪。若执事之人，则系帅漕司差，到状元局祗应。亦有术人相士辈，自炫预定魁选⑫，鼓舞于中。自东华门至期集所⑬，豪家贵邸，竞列彩幕纵观，其有少年未有室家者，亦往往于

---

① 特奏：特奏名。宋代规定对于多年考不中的人经皇帝开恩批准附试录取的，称为特奏名。

② 拆号：拆开封好的试卷。

③ 襕（lán）袍：古代的一种公服。因其于袍下施横襕为裳，故称。其制始于北周。

④ 白简：白色裙。

⑤ 牙笏（hù）：象牙手板。亦指朝笏。原为大臣朝见皇帝时所执用，其后道士在朝真或斋醮时也使用。

⑥ 重戴：在头巾上再加戴帽子。

⑦ 快行：宫廷中专供奔走送信的人。

⑧ 敕黄：敕书。用黄纸书写，故名。

⑨ 黄幡（fān）：黄色的长幡下垂的旗子。

⑩ 相迓（yà）：犹相迎。

⑪ 三学使令斋臧辈：太学中使唤的仆隶之类的人。三学，宋代学分为外舍、内舍与上舍，合称三学。斋臧，旧指学舍中的仆役。

⑫ 自炫预定魁选：自己炫耀说他早就算出了状元。魁选，泛指位次第一。

⑬ 期集所：期集所院。新科进士聚会的地方。

此择婿焉。

期集所例置局于礼部贡院前，三人主之，于内遴选所长①，以充职事，有纠弹、笺表、主管、题名、小录②、掌仪、典客、掌计、掌器、掌膳、掌酒果、监门等。后旬日③朝谢④。又数日拜黄甲⑤、叙同年⑥，其仪三名⑦设褥于堂上，东西相向，四十以上立于东廊，四十以下立于西廊，皆再拜。拜已，择榜中年长者一人状元拜之，复择少者一人拜状元。又数日，赴国子监谒谢⑧先圣先师⑨讫，赐闻喜宴⑩于局中。侍从以上及馆职皆与知举官⑪押宴⑫，遂立题名石刻。凡费悉

① 遴（lín）选所长：选择有专长的人。

② 题名、小录：按惯例，新科进士要把名字刻在石碑上，称为题名。登记进士名录，称为小录。

③ 旬日：十天。

④ 朝谢：新科进士按惯例向皇帝行谢恩之礼。

⑤ 黄甲：科举甲科进士及第者的名单。因用黄纸书写，故名。这里代指进士及第者。

⑥ 叙同年：新科进士的团拜活动。同一年考上进士的人互称"同年"。

⑦ 三名：这里指科举前三名。

⑧ 谒谢：晋见道谢。

⑨ 先圣先师：孔子。

⑩ 闻喜宴：唐制，进士放榜，醵钱宴乐于曲江亭子，称"曲江宴"，亦称"闻喜宴"。后唐明宗天成二年诏命新进士闻喜之宴，年赐钱四百贯。宋太宗端拱元年定由朝廷置宴，皇帝及大臣赐诗以示宠异，遂为故事。

⑪ 知举官：皇帝所任命的主持科考的大臣。

⑫ 押宴：主持宴会。

出于官及诸阃①馈遗②云。

元正③

朝廷元日、冬至行大朝会仪，则百官冠冕朝服，备法驾，设黄麾仗④三千三百五十人（视东京⑤已减三之一），用太常雅乐宫架登歌⑥。太子、上公、亲王、宰执并赴紫宸殿立班进酒，上千万岁寿。上公致辞，枢密宣答。及诸国使人及诸州入献朝贺，然后奏乐，进酒赐宴。

此礼不能常行，每岁禁中止是⑦。以三茅钟⑧鸣，驾兴，上服幞头、玉带、靴袍，先诣福宁殿龙墀⑨及圣堂炷香（用蜡沉脑子⑩），次至天章阁祖宗神御殿⑪行酌献⑫礼，次诣东朝奉贺，复回福宁殿受皇后、太子、皇子、公主、贵妃，至郡夫人、内官、大内以下贺。贺毕，驾始过大庆殿御史台阁门，

---

① 阃（kǔn）：统兵在外的将军。

② 馈遗：馈赠。

③ 元正：正月元日。元旦。

④ 黄麾（huī）仗：皇帝出行时的一种仪仗。

⑤ 东京：汴京。代指北宋。

⑥ 登歌：圣堂奏乐。

⑦ 每岁禁中止是：每年宫中只有这两次。是，代词。

⑧ 三茅钟：三茆钟。宫中以此钟声为作息起居的时间。

⑨ 龙墀：丹墀。古代宫殿前的石阶，用红色涂饰。

⑩ 蜡沉脑子：用沉香木与龙脑制成的香。

⑪ 神御殿：供奉帝王遗像的宫殿。

⑫ 酌献：谓设乐供神。

分引文武百寮追班称贺。大起居①十六拜，致辞上寿。枢密宣答礼毕，放仗。是日，后苑②排办御筵于清燕殿，用插食盘架③。午后，修内司排办晚筵于庆瑞殿，用烟火，进市食④，赏灯，并如元夕⑤。

立春⑥

前一日，临安府造进大春牛，设之福宁殿庭。及驾临幸⑦，内官皆用五色丝彩杖鞭牛⑧。御药院⑨例取牛睛⑩以充眼药，余属直阁婆（号管人都行首⑪）掌管。预造小春牛数十，饰彩幡雪柳⑫，分送殿阁，巨珰⑬各随以金银钱、彩缎为酬。

是日，赐百官春幡胜，宰执、亲王以金，余以金裹银及

---

① 大起居：宋制，文武朝官每五日赴内殿参见皇帝，称为大起居。
② 后苑：原为后苑作与制造御前生活所，后合并，简称后苑，掌制造宫廷生活所需及皇族婚娶名物。
③ 插食盘架：餐具。竹编的食架，造型很漂亮，像假山的样子，上面可以盛放盘碗、菜肴与糕点等。
④ 市食：指商店出售的食品。
⑤ 元夕：旧称农历正月十五为上元节，是夜称元夕，与"元夜""元宵"同。
⑥ 立春：二十四节气之一。我国以立春为春季的开始。
⑦ 临幸：帝王亲临。也指帝王与妃嫔同宿。
⑧ 鞭牛：旧俗立春日造土牛以劝农耕，州县及农民鞭打土牛，象征春耕开始，以示丰兆，谓之"鞭牛"。
⑨ 御药院：官署名。掌禁中医药，后兼管礼文。
⑩ 牛睛：牛的眼睛。
⑪ 管人都行首：内侍宫女的领班。
⑫ 雪柳：用丝绸或纸扎的装饰品。
⑬ 巨珰：指有权势的宦官。

罗帛为之，系文思院①造进，各垂于幞头之左入谢。后苑办造春盘②供进，及分赐贵邸、宰臣、巨珰，翠缕红丝，金鸡玉燕，备极精巧，每盘值万钱。学士院③撰进春帖子④。帝后、贵妃夫人诸阁，各有定式，绛罗金缕，华粲可观。临安府亦鞭春开宴，而邸第⑤馈遗，则多效内庭焉。

元夕

禁中自去岁⑥九月赏菊灯之后，迤逦试灯⑦，谓之"预赏"。

一入新正⑧，灯火日盛，皆修内司诸珰分主之，竞出新意，年异而岁不同。往往于复古、膺福、清燕、明华等殿张挂，及宣德门、梅堂、三闲台等处临时取旨，起立鳌山⑨。

灯之品极多（见后"灯品"），每以"苏灯"⑩为最，

---

① 文思院：宋官署名。属少府监，下设美术工艺作坊共四十二所。

② 春盘：古代风俗，立春日以韭黄、果品、饼饵等簇盘为食，或馈赠亲友，称春盘。帝王亦于立春前一天，以春盘并酒赐近臣。

③ 学士院：官署名。唐初常命名儒学士起草诏令，无名号。开元二十六年（公元738年）改称翰林学士，建学士院，掌起草任免将相、号令征伐等机密诏令，并备皇帝顾问，号称"内相"。宋称翰林学士院，地位职掌似唐。

④ 春帖子：中国民俗文化，是一种在"立春"日剪贴在官中门帐上的书有诗句的帖子。宋制，翰林一年八节要撰作帖子词。

⑤ 邸第：达官贵族的府第。

⑥ 去岁：去年。

⑦ 试灯：旧俗农历正月十五元宵节晚上张灯，以祈丰稔，未到元宵节而张灯预赏，谓之试灯。

⑧ 新正：农历新年正月。

⑨ 鳌山：宋元时俗。元宵节用彩灯堆叠成的山，像传说中的巨鳌形状，即称鳌山。

⑩ 苏灯：苏州制作的灯。

圈片大者径①三四尺，皆五色琉璃所成，山水人物，花竹翎毛，种种奇妙，俨然着色便面②也。其后福州所进，则纯用白玉，晃耀夺目，如清冰玉壶，爽彻心目。近岁新安所进益奇，虽圈骨悉皆琉璃所为，号"无骨灯③"。禁中尝令作琉璃灯山，其高五丈，人物皆用机关活动，结大彩楼贮之。又于殿堂梁栋窗户间为涌壁④，作诸色故事⑤，龙凤噀⑥水，蜿蜒如生，遂为诸灯之冠。前后设玉栅帘，宝光花影，不可正视。仙韶⑦内人，迭奏新曲，声闻人间。殿上铺连五色琉璃阁，皆球纹⑧戏龙百花。小窗间垂小水晶帘，流苏⑨宝带，交映璀璨。中设御座，恍然如在广寒清虚府⑩中也。

至二鼓，上乘小辇，幸宣德门，观鳌山。擎辇者皆倒行，

---

① 径：直径。
② 便面：扇子的一种，《汉书·张敞传》："自以便面拊马。"颜师古注："便面，所以障面，盖扇之类也。不欲见人，以此自障面，则得其便，故曰便面，亦曰屏面。"后亦泛指扇面。
③ 无骨灯：灯笼是要有骨架支撑的，在亮灯时，这些骨架便会成为暗影。而无骨灯是用透明的琉璃做骨架，则没有暗影，看似无骨。
④ 涌壁：壁画。
⑤ 作诸色故事：画许多故事的图案。
⑥ 噀（xùn）：含在口中而喷出。
⑦ 仙韶：仙韶曲。也泛称宫廷乐曲。
⑧ 球纹：圆形的花纹。
⑨ 流苏：一种下垂的以五彩羽毛或丝线等制成的穗子，常用于舞台服装的裙边下摆等处。唐代妇女流行的头饰步摇，是其中一种。
⑩ 广寒清虚府：广寒宫、清虚府、清虚殿，皆指月宫。

以便观赏。金炉脑麝如祥云，五色荧煌炫转，照耀天地。山灯凡数千百种，极其新巧，怪怪奇奇，无所不有，中以五色玉栅簇成"皇帝万岁"四大字。其上伶官奏乐，称念口号、致语。其下为大露台，百艺群工，竞呈奇伎。内人及小黄门①百余，皆巾裹翠蛾，效街坊清乐傀儡，缭绕于灯月之下。

既而取旨，宣唤市井舞队及市食盘架。先是，京尹预择华洁及善歌叫者②谨伺于外，至是歌呼竞入。既经进御，妃嫔、内人而下，亦争买之，皆数倍得值，金珠磊落，有一夕而至富者。宫漏③既深，始宣放烟火百余架，于是乐声四起，烛影纵横，而驾始还矣。大率仿效宣和盛际，愈加精妙。特无登楼赐宴之事，人间不能详知耳。

都城自旧岁冬孟④驾回，则已有乘肩⑤小女、鼓吹舞绾者数十队，以供贵邸豪家幕次⑥之玩。而天街茶肆⑦，渐已罗列灯球等求售，谓之"灯市"。自此以后，每夕皆然。三桥等处，客邸最盛，舞者往来最多。每夕楼灯初上，则箫鼓已纷然自献于下。酒边一笑，所费殊不多。往往至四鼓乃还。自

---

① 小黄门：太监。

② 预择华洁及善歌叫者：因皇帝会宣唤市井的舞队与小贩，故京兆尹要预先选择衣着干净、靓丽且善于唱喊叫卖的人来侍候。

③ 宫漏：古代宫中计时器。用铜壶滴漏，故称宫漏。

④ 冬孟：孟冬。冬季的第一个月，即农历十月。

⑤ 乘肩：负在肩上；立在肩上。

⑥ 幕次：临时搭起的帐篷。

⑦ 茶肆：茶馆。

此日盛一日。姜白石①有诗云:"灯已阑珊月色寒(宋刻'月气'),舞儿往往夜深还。只应不尽婆娑意,更向街心弄影看。"又云:"南陌东城尽舞儿,画金刺绣满罗衣。也知爱惜春游夜,舞落银蟾②不肯归。"吴梦窗《玉楼春》③云:"茸茸狸帽遮梅额,金蝉罗翦胡衫窄。乘肩争看小腰身,倦态强随闲鼓笛。问称家住城东陌,欲买千金应不惜。归来困顿嚏④春眠,犹梦婆娑斜趁拍。"深得其意态也。

至节后,渐有大队如四国朝、傀儡、杵歌之类,日趋于盛,其多至数千百队(宋刻"千"作"十")。天府每夕差官点视,各给钱酒油烛,多寡有差⑤。且使之南至升旸宫⑥支酒烛,北至春风楼支钱。终夕天街鼓吹不绝。都民士女,罗绮如云,盖无夕不然也。

至五夜⑦,则京尹乘小提轿,诸舞队次第簇拥前后,连亘十余里,锦绣填委⑧,箫鼓振作,耳目不暇给。吏魁以大

---

① 姜白石:姜夔(kuí),字尧章,号白石道人,汉族,饶州鄱阳(今江西鄱阳)人。南宋文学家、音乐家。

② 银蟾:月亮。传说月亮中有蟾蜍。

③ 《玉楼春》:词牌名,双调五十六字。

④ 嚏(tì):滞留。

⑤ 多寡有差:数量大小有差异。

⑥ 升旸宫:宋代官府所属的造酒之所,有东西南北中五处,其南库即升旸宫,北库有酒楼名为春风楼。

⑦ 五夜:从元夕放灯开始的第五夜。

⑧ 填委:纷集;堆积。

囊贮楮券①，凡遇小经纪人②，必犒数千（宋刻"数十"），谓之"买市"。至有黠③者，以小盘贮梨、藕数片，腾身迭出于稠人④之中，支请官钱数次者，亦不禁也。李筼房⑤诗云："斜阳尽处荡轻烟，辇路⑥东风入管弦。五夜好春随步暖，一年明月打头圆；香尘掠粉翻罗带，蜜炬⑦笼绡斗玉钿⑧。人影渐稀花露冷，踏歌声度晓云边。"

京尹幕次，例占市西坊繁闹之地，赟烛⑨糁盆⑩，照耀如昼。其前列荷校⑪囚数人，大书犯由，云："某人，为不合抢扑钗环，挨搪妇女⑫。"继而行遣⑬一二，谓之"装灯"⑭。

① 楮券：宋、金、元时发行的纸币。

② 小经纪人：小商小贩。

③ 黠（xiá）：坚黑色猾，含有内心险恶、耍弄小聪明来伪装之意。

④ 稠人：众人。

⑤ 李筼（yún）房：李彭老，字商隐（词综作字周隐，此从绝妙好词），号筼房，里居及生卒年均不详，约宋理宗宝祐末前后在世。

⑥ 辇路：天子车驾所经的道路。

⑦ 蜜炬：蜡烛。

⑧ 玉钿：玉制的花朵形的首饰。也比喻洁白如玉的花朵。

⑨ 赟（bì）烛：光彩的蜡烛。

⑩ 糁盆：旧时除夕日祭祖送神时焚烧松柴的火盆。

⑪ 荷校：以肩荷枷。即颈上戴枷。

⑫ 抢扑钗环，挨搪妇女：抢夺妇女的首饰、调戏妇女。挨搪，犹调戏。

⑬ 行遣：发落。

⑭ 装灯：灯节的装点。

其实皆三狱①罪囚,姑借此以警奸民。又分委②府僚巡警风烛,及命都辖房使臣等,分任地方,以缉奸盗。三狱亦张灯建净狱道场,多装狱户故事,及陈列狱具。

邸第好事者,如清河张府③、蒋御药家④,间设雅戏⑤烟火,花边水际,灯烛灿然,游人士女纵观,则迎门酌酒而去。又有幽坊静巷好事之家,多设五色琉璃泡灯,更自雅洁,靓妆笑语,望之如神仙。白石诗云:"沙河云合无行处,惆怅来游路已迷。却入静坊灯火空,门门相似列蛾眉。"又云:"游人归后天街静,坊陌人家未闭门。帘里垂灯照尊俎⑥,坐中嬉笑觉春温。"或戏于小楼,以人为大影戏,儿童諠⑦呼,终夕不绝。此类不可遽数也。

西湖诸寺,惟三竺⑧张灯最盛,往往有宫禁所赐,贵珰所遗者。都人好奇,亦往观焉。白石诗云:"珠珞琉璃到地垂,凤头衔带玉交枝(宋刻"衔"作"御")。君王不赏无人进,天竺堂深夜雨时。"

---

① 三狱:由大理寺(廷尉)、都官(刑部)、御史台共同审理的狱案。
② 分委:犹分派。
③ 清河张府:清河郡王张俊的府第。
④ 蒋御药家:供职于御药院的姓蒋的太医家。
⑤ 雅戏:高雅的游戏。
⑥ 尊俎:古代盛酒食的器具,后来常用作宴席的代称。
⑦ 諠(xuān):作形容词为喧闹的意思;作动词有忘记的意思。
⑧ 三竺:杭州灵隐山飞来峰东南的天竺山,有上天竺、中天竺、下天竺三座寺院,合称"三天竺",简称"三竺"。

元夕节物[1]，妇人皆戴珠翠、闹蛾[2]、玉梅、雪柳、菩提叶、灯球、销金合[3]、蝉貂袖（宋刻"貉袖"）、项帕，而衣多尚白，盖月下所宜也。游手浮浪辈，则以白纸为大蝉，谓之"夜蛾"。又以枣肉炭屑为丸，系以铁丝燃之，名"火杨梅"。节食所尚，则乳糖圆子、馉飿[4]、科斗粉[5]、豉汤、水晶脍、韭饼，及南北珍果，并皂儿糕、宜利少、澄沙团子、滴酥鲍螺[6]、酪面、玉消膏、琥珀饧、轻饧、生熟灌藕、诸色龙缠（宋刻"珑璁"）、蜜煎、蜜果（宋刻"裹"）、糖瓜蒌、煎七宝姜豉、十般糖之类，皆用镂鍮装花盘架车儿[7]，簇插飞蛾红灯彩盏，歌叫喧阗[8]。幕次往往使之吟叫，倍酬其直。白石亦有诗云："贵客钩帘看御街，市中珍品一时来。帘前花架无行路，不得金钱不肯回。"竞以金盘钿盒[9]簇饤[10]馈遗，谓之"市食合

---

[1] 节物：应节的物品。

[2] 闹蛾：用丝绸或金纸剪成蝴蝶之类形状的首饰。下文"玉梅、菩提叶"也是纸剪象形的首饰。

[3] 销金合：镶嵌金丝纹的首饰盒。

[4] 馉（duī）飿：一种饼类食品。

[5] 科斗粉：蝌蚪粉。象形食品。

[6] 滴酥鲍螺：酥油鲍螺。一种花式点心，用奶油制成，造型有扁有长，扁的像牡蛎，长的像螺蛳。早在宋朝时期就是较为常见的果品之一。

[7] 镂鍮（tōu）装花盘架车儿：镂刻有各种花纹并用黄铜镶嵌的售货车。鍮，以炉甘石（菱锌矿）与铜共炼而得的一种铜锌合金。

[8] 喧阗：喧闹杂乱。

[9] 钿盒：镶嵌金、银、玉、贝的首饰盒子。

[10] 簇饤：堆叠在食具中供陈设的食品。

儿"。翠帘销幕，绛烛笼纱，遍呈舞队，密拥歌姬，脆管清吭，新声交奏，戏具粉婴①，鬻歌售艺者，纷然而集。至夜阑则有持小灯照路拾遗者，谓之"扫街"。遗钿堕珥②，往往得之。亦东都遗风③也。

舞队

大小全棚傀儡④：

查查鬼（查大）	李大口（一字口）	贺丰年
长瓠敛（长头）	兔吉（兔毛大伯）	吃遂
大憨儿	粗旦（宋刻"妲"）	麻婆子
快活三⑤郎	黄金杏	瞎判官
快活三娘	沈承务	一脸膜
猫儿相公	洞公嘴	细旦⑥（宋刻"妲"）
河东子	黑遂	王铁儿（宋刻"王缺儿"）
交椅	夹棒（宋刻"捧"）	屏风
男女竹马	男女杵歌	大小斫刀鲍老
交衮鲍老	子弟清音	女童清音
诸国献宝	穿心国入贡	孙武子教女兵

---

① 粉婴：似为"纷撄"，杂乱纠缠之意。
② 珥（ěr）：用珠子或玉石做的耳环。
③ 遗风：指过去时代遗留下来的文化特点或某个时代流传下来的风气。
④ 大小全棚傀儡：所有表演木偶戏的棚子和艺人。
⑤ 快活三：宋元方言称体胖者。
⑥ 细旦：宋代元宵节舞队中男性装扮舞女者称细旦。

六国朝	四国朝	遏云社
绯绿社	胡安女（宋刻无"安"字）	凤阮嵇琴
扑蝴蝶	回阳丹	火药（宋刻"大乐"）
瓦盆鼓（宋刻无"盆"字）	焦锤架儿	乔三教
乔迎酒	乔亲事	乔乐神（马明王）
乔捉蛇	乔学堂	乔宅眷
乔像生	乔师娘	独自乔
地仙	划旱船	教象
装态	村田乐	鼓板
踏橇（宋刻"踏跷"）		扑旗
抱锣装鬼	狮豹蛮牌	十斋郎
耍和尚	刘衮	散钱行
货郎	打娇惜	

其品甚伙①，不可悉数。首饰衣装，相矜②侈靡，珠翠锦绮，眩耀华丽，如傀儡、杵歌、竹马之类，多至十余队。

十二、十三两日，国忌禁乐③，则有装宅眷笼灯，前引珠翠，盛饰少年尾其后，诃殿④而来，卒然遇之，不辨真伪。

---

① 甚伙：很多。

② 相矜（jīn）：互相夸耀。

③ 国忌禁乐：国家的忌日，民间禁止演戏作乐。

④ 诃（hē）殿：古代官员出外时的一种仪式。侍卫大声唱呼，以示威严，称为诃殿。

及为乔经纪人①，如卖蜂糖饼、小八块风子，卖字本，虔婆②卖旗儿之类，以资一笑者尤多也。

灯品

灯品至多，苏、福③为冠，新安④晚出，精妙绝伦。所谓"无骨灯"者，其法用绢囊贮粟为胎⑤，因之烧缀，及成去粟，则混然玻璃球也⑥。景物奇巧，前无其比。又为大屏，灌水转机，百物活动。赵忠惠守吴日⑦，尝命制春雨堂五大间，左为汴京御楼，右为武林灯市，歌舞杂艺，纤悉曲尽。凡用千工。外此有鱿灯⑧，则刻镂金珀（宋刻"犀珀"）玳瑁⑨以饰之。珠子灯则以五色珠为网，下垂流苏，或为龙船、凤辇、楼台故事。羊皮灯则镞镂⑩精巧，五色妆染，如影戏⑪之法。罗帛灯之类尤多，或为百花，或细眼，间以红白，号"万眼罗"者，

---

① 乔经纪人：乔装成小商小贩。

② 虔婆：指惯用甜言蜜语哄骗人的妇女（用作骂人）。也指妓院的鸨母（多用于宋元时期）。

③ 苏、福：苏州、福建。

④ 新安：新安郡。徽州与严州大部，古称新安，后成为徽州、严州地区的代称。

⑤ 用绢囊贮粟为胎：用塞满小米的绢囊为内胎。

⑥ 因之烧缀，及成去粟，则混然玻璃球也：等玻璃成型后除去小米（这时绢囊已经融化），形成空心玻璃球。

⑦ 守吴日：任建康知府的时候。建康，古属吴国，即今江苏南京。

⑧ 鱿（shěn）灯：指用鱼脑骨架制成的灯。

⑨ 玳瑁：属爬行纲，海龟科的海洋动物。一般长约0.6米，大者可达1.6米。

⑩ 镞（zú）镂：雕刻。

⑪ 影戏：皮影戏。

此种最奇。外此有五色蜡纸，菩提叶，若沙戏影灯马骑人物，旋转如飞。又有深闺巧娃，剪纸而成，尤为精妙。又有以绢灯剪写诗词，时寓讥笑，及画人物，藏头隐语①，及旧京诨语②，戏弄行人。有贵邸尝出新意，以细竹丝为之，加以彩饰，疏明可爱。穆陵喜之，令制百盏，期限既迫，势难卒成，而内苑诸珰，耻于不自己出，思所以胜之。遂以黄草布剪镂（宋刻"缕"），加之点染，与竹无异，凡两日，百盏已进御矣。

挑菜③

二月一日，谓之"中和节④"，唐人最重，今惟作假⑤，及进单罗御服，百官服单罗公裳而已。二日，宫中排办挑菜御宴。先是，内苑预备朱绿花斛⑥，下以罗帛作小卷，书品目于上⑦，系以红丝，上植生菜、荠花诸品。俟宴酬乐作，自中殿⑧以次，各以金篦挑之。后妃、皇子、贵主⑨、婕妤及

---

① 藏头隐语：将要表达的意思隐藏在所写的东西里。

② 诨（hùn）语：诙谐逗趣的话，戏谑嘲弄的玩笑话。

③ 挑菜：宋代风俗。每年农历二三月，百草生发，青年妇女多至郊外挖取野菜，以应时节，供制春盘，称为挑菜，当时并以二月初二为"挑菜节"。

④ 中和节：农历二月初一是我国民间传统节日"中和节"。"中"即冬夏中分，"和"即阴阳合同。中和节始于唐代。

⑤ 今惟作假：这里指宋代的中和节已经蜕变，皇帝和百官只是换衣服做个样子。

⑥ 斛：旧量器，方形，口小，底大，容量本为十斗，后来改为五斗。

⑦ 书品目于上：把菜的名目写在丝织品上。

⑧ 中殿：指内宫。这里代指皇后。

⑨ 贵主：公主。

都知①等，皆有赏无罚。以次每斛十号，五红字为赏，五黑字为罚。上赏则成号珍珠、玉杯、金器、北珠、篦环、珠翠、领抹②，次亦铤③银、酒器、冠镯、翠花、缎帛、龙涎、御扇、笔墨、官窑、定器④之类。罚则舞唱、吟诗、念佛、饮冷水、吃生姜之类。用此以资戏笑。王宫贵邸，亦多效之。

进茶

仲春⑤上旬，福建漕司进第一纲蜡茶⑥，名"北苑⑦试新"。皆方寸小夸⑧。进御止百夸，护以黄罗软盝，藉以青箬⑨，裹以黄罗夹复⑩，臣封朱印，外用朱漆小匣，镀金锁，又以细竹丝织笈⑪贮之，凡数重。此乃雀舌水芽所造，一夸之值四十万，仅可供数瓯⑫之啜耳。或以一二赐外邸，则以生线分解，转遗好事，以为奇玩。

---

① 都知：宋代宦官官名。

② 领抹：领系之类服饰。

③ 铤（dìng）：铜铁质的坯料。也作金银的量词。

④ 定器：指宋代定州瓷窑烧制的瓷器。

⑤ 仲春：春季的第二个月，即农历二月。

⑥ 第一纲蜡茶：第一批蜡茶。蜡茶，蜡面茶，唐宋时福建所产名茶。

⑦ 北苑：北苑茶，即蜡茶。

⑧ 夸：应为"銙（kuà）"。形似带銙的一种茶，称"銙茶"。

⑨ 藉以青箬（ruò）：在小匣里垫上青色的竹叶。青箬，箬竹叶大质薄，常用以裹物。

⑩ 夹复：指黄罗里面的夹衣。

⑪ 笈（jí）：多用竹、藤编织的小箱子，用以放置书籍、衣巾、药物等。

⑫ 瓯（ōu）：指中国古代酒器，古人也将陶瓷简称为瓯。饮茶或饮酒用。形为敞口小碗式。

茶之初进御也，翰林司例有品尝之费，皆漕司邸吏赂之。间不满欲①，则入盐少许，茗花为之散漫，而味亦漓矣。禁中大庆贺（宋刻"会"），则用大镀金氅②，以五色韵果簇饤龙凤③，谓之"绣茶"，不过悦目。亦有专其工者，外人罕知，因附见于此。

赏花

禁中赏花非一。先期后苑及修内司分任排办，凡诸苑亭榭花木，妆点一新，锦帘绡幕④，飞梭绣球，以至裀褥⑤设放，器玩盆寘，珍禽异物，各务奇丽。又命小珰内司列肆关扑⑥，珠翠冠朵、篦环绣缎、画领花扇、官窑定器、孩儿戏具、闹竿⑦龙船等物，及有买卖果木酒食、饼饵、蔬茄之类，莫不备具，悉效西湖景物。

起自梅堂赏梅，芳春堂赏杏花，桃园观桃，粲锦堂金林檎⑧，照妆亭海棠，兰亭修禊⑨，至于钟美堂赏大花为极盛。

---

① 间不满欲：偶尔不满足他们的欲求。

② 氅（piè）：一种盛茶酒的器具。

③ 簇饤龙凤：以各种食品摆成龙凤的形状。

④ 绡幕：薄纱帘帐。

⑤ 裀（yīn）褥：这里指褥垫。

⑥ 关扑：以商品为诱饵赌掷财物的博戏。

⑦ 闹竿：一种悬挂各种玩具或诸色杂货的竹竿。古代货郎所用。

⑧ 林檎：也叫沙果、花红。落叶小乔木。果实近球形，似苹果而小。

⑨ 修禊（xì）：古代民俗于农历三月上旬的巳日（三国魏以后始固定为三月初三）到水边嬉戏，以祓除不祥，称为修禊。

堂前三面，皆以花石为台三层，各植名品①，标以象牌，覆以碧幕②。台后分植玉绣球数百株，俨如镂玉屏。堂内左右各列三层，雕花彩槛，护以彩色牡丹画衣，间列碾玉水晶金壶及大食③玻璃、官窑等瓶，各簪奇品，如姚魏④、御衣黄、照殿红之类几千朵，别以银箔间贴大斛，分种数千百棵，分列四面。至于梁栋窗户间，亦以湘筒贮花，鳞次簇插，何啻⑤万朵。

堂中设牡丹红锦地裀，自殿中（宋刻"中殿"）妃嫔，以至内官，各赐翠叶牡丹、分枝铺翠牡丹、御书画扇、龙涎、金盒之类有差。下至伶官乐部应奉⑥等人，亦沾恩赐，谓之"随花赏"。或天颜悦怿，谢恩赐予，多至数次。至春暮，则稽古堂、会瀛堂赏琼花，静侣亭、紫笑净香亭采兰挑笋，则春事已在绿阴芳草间矣。

大抵⑦内宴赏，初坐、再坐、插食盘架者，谓之"排当"。否则但谓之"进酒"。

---

① 名品：名贵的品种。

② 碧幕：青绿色的帷幕。

③ 大食：唐朝读音 tǎ qī，或译"大石""大寔"或者现今的"塔吉克"。萨珊王朝曾经称呼阿拉伯一部族为"塔吉克"，后为中国唐、宋时期对阿拉伯人、阿拉伯帝国的专称和对阿拉伯、伊朗穆斯林的泛称。

④ 姚魏："姚黄魏紫"的简称。亦泛指牡丹花。

⑤ 何啻（chì）：用反问语气表示不止。

⑥ 应奉：侍奉。

⑦ 大抵：大致；大概。

卷三

西湖游幸

（都人游赏）

淳熙间，寿皇以天下养，每奉德寿三殿，游幸湖山，御大龙舟。宰执从官，以至大珰、应奉、诸司及京府弹压等，各乘大舫，无虑数百。时承平日久，乐与民同，凡游观买卖，皆无所禁。画楫轻舫，旁午①如织。至于果蔬、羹酒、关扑、宜男②、戏具、闹竿、花篮、画扇、彩旗、糖鱼、粉饵、时花、泥婴等，谓之"湖中土宜③"。又有珠翠冠梳、销金彩缎、犀钿、髹漆④、织藤、窑器、玩具等物，无不罗列。如先贤堂、三贤堂、四圣观等处最盛。或有以轻桡趁逐求售者。歌妓舞鬟，严妆自炫，以待招呼者，谓之"水仙子"。至于吹弹、舞拍、杂剧、杂扮、撮弄、胜花⑤、泥丸、鼓板、投壶⑥、花弹、蹴

---

① 旁午：交错；纷繁。

② 宜男：宜男草，萱草。旧时祝颂妇人多子之词。

③ 土宜：地方特产。

④ 髹（xiū）漆：谓以漆涂物。

⑤ 胜花：宋时一种魔术。

⑥ 投壶：古代士大夫宴饮时做的一种投掷游戏，也是一种礼仪。在战国时期较为盛行，尤其是在唐朝，得到了发扬光大。投壶是把箭向壶里投，投中多的为胜，负者照规定的杯数喝酒。

鞠①、分茶、弄水②、踏混木③、拨盆④、杂艺、散耍、讴唱、息器⑤、教水族飞禽、水傀儡、鬻水道术（宋刻无'水'字）烟火、起轮、走线、流星、水爆、风筝，不可指数，总谓之"赶趁人⑥"，盖耳目不暇给焉。

御舟四垂珠帘锦幕，悬挂七宝珠翠、龙船梭子、闹竿、花篮等物。宫姬韶部，俨如神仙。天香浓郁，花柳避妍。小舟时有宣唤赐予，如宋五嫂鱼羹，尝经御赏，人所共趋，遂成富媪⑦。朱静佳六言诗云："柳下白头钓叟，不知生长何年。前度君王游幸，卖鱼收得金钱。"往往修旧京金明池故事⑧，以安太上之心，岂特事游观之美哉。湖上御园：南有聚景、真珠、南屏；北有集芳、延祥、玉壶，然亦多幸聚景焉。

一日，御舟经断桥，桥旁有小酒肆，颇雅洁，中饰素屏，书《风入松》一词于上，光尧驻目称赏久之，宣问何人所作，乃太学生俞国宝醉笔也。其词云："一春长费买花钱，日日醉湖边。玉骢⑨惯识西湖路（宋刻'湖边路'），骄嘶过沽

---

① 蹴（cù）鞠（jū）：我国古代的一种足球运动，起源甚早。

② 弄水：在水上作竞技表演。

③ 踏混木：古代百戏杂技之一。表演者踩踏圆木，使其滚动，并在上面表演各种动作。

④ 拨盆：一种杂技表演。艺人躺在地上，双脚顶盆，让盆转动。

⑤ 息器：息气。宋时乐器名。

⑥ 赶趁人：宋元时指走江湖、跑码头的技艺人。

⑦ 富媪（ǎo）：有钱的老太婆。

⑧ 金明池故事：每年三月初一，皇帝御驾光临金明池观赏百姓表演百戏的旧例。

⑨ 玉骢（cōng）：玉花骢。泛指骏马。

酒楼前。红杏香中歌舞,绿杨影里秋千。　暖风十里丽人天,花压鬓云偏。画船载取春归去,余情付湖水湖烟。明日再携残酒('再'宋刻'重'),来寻陌上花钿①。"上笑曰:"此词甚好,但末句未免儒酸。"因为改定云"明日重扶残醉",则迥不同矣。即日命解褐②云。

西湖天下景,朝昏晴雨,四序总宜。杭人亦无时而不游,而春游特盛焉。承平时,头船如大绿、间绿、十样锦、百花、宝胜、明玉之类,何啻百余。其次则不计其数,皆华丽雅靓,夸奇竞好。而都人凡缔姻、赛社、会亲、送葬、经会、献神、仕宦、恩赏之经营、禁省台府之嘱托,贵珰要地,大贾豪民,买笑千金,呼卢③百万,以至痴儿𫘤子④,密约幽期,无不在焉。日糜金钱,靡有纪极⑤。故杭谚有"销金锅儿"之号,此语不为过也。

都城自过收灯⑥,贵游巨室,皆争先出郊,谓之"探春",至禁烟⑦为最盛。龙舟十余,彩旗叠鼓,交午曼衍,粲如织锦。内有曾经宣唤者,则锦衣花帽,以自别于众。京尹为立赏格,

---

① 花钿:古时汉族妇女脸上的一种花饰。

② 解褐:谓脱去布衣,担任官职。

③ 呼卢:古代的一种游戏,有时也用于赌博。

④ 痴儿𫘤(ái)子:这里指痴情男女。𫘤,痴呆、愚蠢。

⑤ 靡有纪极:形容没有节制。

⑥ 收灯:指元宵节过后收灯。

⑦ 禁烟:禁烟节,即寒食节。中国传统节日,在夏历冬至后105日,清明节前一二日。是日初为节时,禁烟火,只吃冷食。

竞渡争标。内珰贵客，赏犒无算。都人士女，两堤骈集①，几于无置足地。水面画楫，栉比如鱼鳞，亦无行舟之路，歌欢箫鼓之声，振动远近，其盛可以想见。若游之次第，则先南而后北，至午则尽入西泠桥里湖，其外几无一舸矣。弁阳老人有词云"看画船尽入西泠，闲却半湖春色"，盖纪实也。既而小泊断桥，千舫骈聚，歌管喧奏，粉黛罗列，最为繁盛。桥上少年郎，竞纵纸鸢②，以相勾引，相牵剪截，以线绝者为负，此虽小技，亦有专门。爆仗起轮走线之戏，多设于此，至花影暗而月华生始渐散去。绛纱笼烛，车马争门，日以为常。张武子诗云："帖帖平湖印晚天，踏歌游女锦相牵（宋刻'游赏'），都城半掩人争路，犹有胡琴落后船。"最能状此景。

茂陵在御，略无游幸之事，离宫别馆，不复增修。黄洪诗云："龙舟太半没西湖，此是先皇节俭图。三十六年安静里，棹歌一曲在康衢。"理宗时亦尝制一舟，悉用香楠木抢金③为之，亦极华侈，然终于不用。

至景定间，周汉国公主得旨，偕驸马都尉杨镇泛湖，一时文物亦盛，仿佛承平之旧，倾城纵观，都人为之罢市。然是时，先朝龙舫久已沉没，独有小舟号"小乌龙"者，以赐杨郡王之故，尚在。其舟平底、有舵，制度简朴。或传此舟

---

① 骈（pián）集：凑集；聚会。
② 纸鸢（yuān）：风筝。
③ 抢金：在器物上嵌金作为装饰。

每出必有风雨，余尝屡乘，初无此异也。

放春

　　蒋苑使有小圃，不满二亩，而花木匼匝①，亭榭奇巧。春时悉②以所有书画、玩器、冠花、器弄之物，罗列满前，戏效关扑。有珠翠冠，仅大如钱者，闹竿、花篮之类，悉皆缕丝金玉为之，极其精妙。且立标竿、射垛及秋千、梭门、斗鸡、蹴踘诸戏事，以娱游客。衣冠士女至者，招邀杯酒，往往过禁烟乃已。盖效禁苑具体而微③者也。

社会

　　二月八日为桐川张王④生辰，霍山行宫⑤朝拜极盛，百戏竞集，如绯绿社（杂剧）、齐云社（蹴球）、遏云社（唱赚⑥）、同文社（耍词）、角抵社（相扑）、清音社（清乐）、锦标社（射弩）、锦体社（花绣⑦）、英略社（使棒）、雄辩社（小说⑧）、翠锦社（行院⑨）、绘革社（影戏）、净发

---

① 匼（kē）匝（zā）：周匝环绕。

② 悉：尽，全。

③ 具体而微：指大体上具备且规模小一些。

④ 桐川张王：祠山大帝张渤。

⑤ 霍山行宫：位于钱塘门外霍山上的广惠庙和长庆院，均供奉着张王。

⑥ 唱赚：宋代的一种说唱艺术。演唱兼具诸家腔谱的"赚"曲。

⑦ 花绣：文身。

⑧ 小说：宋代说书的行当之一。

⑨ 行院：指妓女或优伶的住所，有时也指妓女或优伶。

社（梳剃）、律华社（吟叫①）、云机社（撮弄）。而七宝、滂马二会为最。玉山宝带，尺璧寸珠，璀璨夺目，而天骥龙媒②，绒鞯宝辔，竞赏神骏。好奇者至翦毛为花草、人物，厨行果局，穷极肴核③之珍。有所谓意思作者，悉以通草罗帛，雕饰为楼台故事之类，饰以珠翠，极其精致，一盘至值数万。然皆浮靡无用之物，不过资一玩耳。奇禽则红鹦、白雀，水族则银蟹、金龟，高丽④、华山之奇松，交、广、海峤之异卉，不可缕数，莫非动心骇目之观也。若三月三日殿司真武会⑤，三月二十八日东岳生辰，社会之盛，大率类此，不暇赘陈⑥。

祭扫

清明前三日为寒食节，都城人家，皆插柳满檐，虽小坊幽曲，亦青青可爱，大家则加枣䭅⑦于柳上，然多取之湖堤。有诗云："莫把青青都折尽，明朝更有出城人。"

朝廷遣台臣、中使、宫人车马，朝飨诸陵原庙⑧，荐献

---

① 吟叫：模仿各种叫卖声声调的口技。

② 天骥龙媒：均为骏马的美称。

③ 肴核：肉类和果类食品。

④ 高丽：朝鲜。

⑤ 殿司真武会：殿前司主办的真武大帝祭祀会。

⑥ 赘（zhuì）陈：犹赘述。

⑦ 枣䭅（hú）：枣饼。

⑧ 原庙：在正庙以外另立的宗庙。

用麦糕、稠饧①。而人家上冢者，多用枣䭅、姜豉。南北两山之间，车马纷然，而野祭②者尤多，如大昭庆、九曲等处，妇人泪妆素衣，提携儿女，酒壶肴罍③。村店山家，分馂④游息。至暮，则花柳土宜，随车而归。

若玉津富景御园，包家山之桃，关东青门之菜市，东西马塍⑤，尼庵道院，寻芳讨胜，极意纵游，随处各有买卖赶趁等人，野果山花，别有幽趣。盖辇下骄民，无日不在春风鼓舞中，而游手末技为尤盛也。

浴佛

四月八日为佛诞日⑥，诸寺院各有浴佛会。僧尼辈竞以小盆贮铜像，浸以糖水，覆以花棚，铙钹⑦交迎，遍往邸第富室，以小勺浇灌，以求施利⑧。是日，西湖作放生会，舟楫甚盛，略如春时小舟，竞买龟鱼螺蚌放生。

---

① 饧（xíng）：用麦芽或谷芽熬成的饴糖。

② 野祭：在野外祭祀。

③ 罍（léi）：古代一种酒器，多用青铜或陶制成。口小，腹深，有圈足和盖儿。

④ 馂（jùn）：吃剩下的食物。

⑤ 东西马塍（chéng）：东马塍、西马塍。

⑥ 佛诞日：浴佛节、佛诞节等，为每年的农历四月初八，是佛祖释迦牟尼诞辰。

⑦ 铙（náo）钹（bó）：寺院法会时所用法器之一。铙与钹原为两种不同的乐器，后来混而并称为铙钹，而流传至今。

⑧ 施利：指布施的钱财。

迎新

　　户部点检所十三酒库,例于四月初开煮①,九月初开清②,先至提领所呈样品尝,然后迎引至诸所隶官府而散。每库各用匹布书库名高品③,以长竿悬之,谓之"布牌"。以木床铁擎为仙佛鬼神之类,驾空飞动,谓之"台阁"。杂剧百戏诸艺之外,又为《渔父习闲》《竹马出猎》《八仙故事》,及命妓家女使裹头花巾为酒家保,及有花槖(宋刻"裹")五熟盘架、放生笼养等,各库争为新好。库妓之琤琤④者,皆珠翠盛饰,销金红背,乘绣鞯宝勒骏骑,各有皂衣黄号私身⑤数对,诃导于前。罗扇衣笈,浮浪闲客,随逐于后。少年狎客⑥,往往簇钉持杯,争劝马首,金钱彩段,沾及舆台⑦。都人习以为常,不为怪笑。所经之地,高楼邃阁⑧,绣幕如云,累足骈肩,真所谓"万人海"也。

---

① 开煮:煮酒(黄酒)开坛。

② 开清:清酒(白酒)开坛。

③ 库名高品:造酒库的名称和所造上好的酒。

④ 琤琤:形容出类拔萃。

⑤ 私身:宋时称无役而帮佣的百姓为私身,相对于服役官差的官身而言。

⑥ 狎(xiá)客:嫖客。

⑦ 舆台:舆和台是古代奴隶社会中两个低的等级的名称,后来泛指奴仆及地位低下的人。

⑧ 邃(suì)阁:深幽的楼阁。

端午

先期学士院供帖子①，如春日禁中排当，例用朔日②，谓之"端一③"。或传旧京亦然。插食盘架，设天师④艾虎、意思山子⑤数十座，五色蒲丝、百草霜⑥，以大合三层，饰以珠翠、葵、榴、艾花。蜈蚣、蛇、蝎、蜥蜴等，谓之"毒虫"。及作糖霜韵果、糖蜜巧粽，极其精巧。又以大金瓶数十，遍插葵、榴、栀子花，环绕殿阁。及分赐后妃、诸阁、大珰、近侍翠叶、五色葵榴、金丝翠扇、珍珠百索、钗符、经筒、香囊、软香、龙涎、佩带及紫练、白葛、红蕉之类。大臣贵邸，均被细葛、香罗、蒲丝、艾朵、彩团、巧粽之赐。而外邸节物，大率效尤焉。巧粽之品不一，至结为楼台舫辂。又以青罗作赤口白舌帖子⑦，与艾人并悬门楣，以为禳⑧。

---

① 帖子：帖子词。宋代八节内宴时翰林院侍臣献给宫中的诗，粘贴于阁中门壁。大都为五、七言绝句。

② 朔日：指每月的第一日。

③ 端一：农历五月初一的别称。

④ 天师：道教张天师。

⑤ 意思山子：指奇特的小山。

⑥ 百草霜：杂草经燃烧后附于锅底或烟筒中所存的烟墨，可药用。别名月下灰、灶突墨、釜下墨等。

⑦ 以青罗作赤口白舌帖子：将诗词写在白心红边的青罗布上，以此来辟邪。

⑧ 禳（ráng）祴（guì）：为消灾除病而祭祀。

道宫法院①，多送佩带符篆②。而市人门首，各设大盆，杂植艾、蒲、葵花，上挂五色纸钱，排钉果粽。虽贫者亦然。湖中是日，游舫亦盛，盖迤逦炎暑，宴游渐稀故也。俗以是日为马本命，凡御厩、邸第上乘③，悉用五彩为鬃尾之饰，奇鞯宝辔，充满道途，亦可观玩也。

禁中纳凉

禁中避暑，多御复古、选德等殿，及翠寒堂纳凉。长松修竹，浓翠蔽日，层峦奇岫，静窈萦深，寒瀑飞空，下注大池可十亩。池中红白菡萏④万柄，盖园丁以瓦盎别种，分列水底，时易新者，庶几美观。又置茉莉、素馨、建兰、麝香藤、朱槿、玉桂、红蕉、阇婆⑤、簷葡⑥等南花数百盆于广庭，鼓以风轮，清芬满殿。御笕⑦两旁，各设金盆数十架，积雪如山。纱厨后先皆悬挂伽兰木、真腊⑧龙涎等香珠百斛。蔗浆金碗，珍果玉壶，初不知人间有尘暑也。闻洪景卢学士尝赐对于翠

---

① 道宫法院：道观和寺庙。

② 符篆（zhuàn）：通常表现为符号、图形，指记录于诸符间的天神名讳秘文，一般书写于黄色纸、帛上。

③ 上乘：好马。

④ 菡（hàn）萏（dàn）：古人称未开的荷花为菡萏，即花苞。

⑤ 阇（dū）婆：花名。

⑥ 簷（zhān）葡：檐卜。植物名。产自西域，花甚香。

⑦ 笕（gāng）：竹子的行列。

⑧ 真腊：又名占腊，为中南半岛古国，其境在今柬埔寨境内，是中国古代史书对中南半岛吉蔑王国的称呼。真腊国很早就出现于中国古代史书的记载之中，远及秦汉。

寒堂，三伏中体粟战栗，不可久立，上问故，笑遣中贵人以北绫半臂赐之，则境界可想见矣。

都人避暑

六月六日，显应观崔府君①诞辰，自东都时庙食②已盛。是日，都人士女，骈集炷香，已而登舟泛湖，为避暑之游。时物则新荔枝、军庭李（二果产闽）、奉化项里之杨梅、聚景园之秀莲、新藕、蜜筒甜瓜、椒核、枇杷、紫菱、碧芡、林檎、金桃、蜜渍昌元梅、木瓜、豆儿水③、荔枝膏、金橘、水团、麻饮、芥辣、白醪、凉水④、冰雪爽口之物。关扑香囊、画扇、涎花、珠佩。而茉莉为最盛，初出之时，其价甚穹⑤，妇人簇戴，多至七插，所值数十券，不过供一饷之娱耳。盖入夏则游船不复入里湖，多占蒲深柳密宽凉之地，披襟钓水，月上始还。或好事者则敞大舫、设蕲簟，高枕取凉，栉发⑥快浴，惟取适意。或留宿湖心，竟夕⑦而归。

---

① 崔府君：中国民间信仰的神仙之一。姓崔名珏，字子玉，隋、唐时期鼓城县（故治今河北晋州）人。

② 庙食：立庙祭祀。

③ 豆儿水：绿豆汤。

④ 凉水：古时冷饮类食品。

⑤ 穹：高。

⑥ 栉（zhì）发：梳理头发。

⑦ 竟夕：终夜；通宵。

乞巧①

立秋日，都人戴楸叶，饮秋水、赤小豆。七夕节物，多尚果食、茜鸡②。及泥孩儿号"摩睺罗③"，有极精巧饰以金珠者，其值不赀④。并以蜡印凫雁、水禽之类，浮之水上。妇人女子，至夜对月穿针。饾饤⑤杯盘，饮酒为乐，谓之"乞巧"。及以小蜘蛛贮盒内，以候结网之疏密，为得巧之多少。小儿女多衣荷叶半臂，手持荷叶，效颦"摩睺罗"。大抵皆中原旧俗也。

七夕前，修内司例进"摩睺罗"十桌，每桌三十枚，大者至高三尺，或用象牙雕镂，或用龙涎佛手香制造，悉用镂金珠翠。衣帽、金钱、钗镯、佩环、珍珠、头须及手中所执戏具，皆七宝为之，各护以五色镂金纱厨。制阃、贵臣及京府等处，至有铸金为贡者。宫姬市娃，冠花衣领皆以乞巧时物为饰焉。

中元

七月十五日，道家谓之"中元节"，各有斋醮等会。僧

---

① 乞巧：旧俗，农历七月初七的晚上，妇女在院子里陈设瓜果，向织女星祈祷，请求帮助她们提高刺绣缝纫的技巧。

② 茜鸡：一种卤鸡。

③ 摩睺罗：民间玩具，又名摩侯罗、磨喝乐、魔合罗。宋元时供奉的一种用泥塑、蜡塑、木雕成的小型塑像。

④ 不赀（zī）：不能计算。

⑤ 饾（dòu）饤：指堆叠在盘中，摆设出来的食品。

寺则于此日作盂兰盆①斋。而人家亦以此日祀先，例用新米、新酱、冥衣、时果②、彩缎、面棋③，而茹素④者几十八九，屠门⑤为之罢市焉。

中秋

禁中是夕，有赏月延桂排当，如倚桂阁、秋晖堂、碧岑，皆临时取旨。夜深，天乐直彻人间。御街如绒线、蜜煎、香铺，皆铺设货物，夸多竞好，谓之"歇眼"。灯烛华灿，竟夕乃止。此夕浙江放"一点红"羊皮小水灯数十万盏，浮满水面，烂如繁星，有足观者。或谓此乃江神所喜，非徒事观美也。

观潮

浙江之潮，天下之伟观也，自既望⑥以至十八日为最盛。方其远出海门，仅如银线，既而渐近，则玉城雪岭，际天而来，大声如雷霆，震撼激射，吞天沃日，势极雄豪。杨诚斋诗云"海涌银为郭，江横玉系腰"者是也。

每岁京尹出浙江亭教阅水军，艨艟⑦数百，分列两岸，既而尽奔腾分合五阵之势，并有乘骑弄旗、标枪舞刀于水面

---

① 盂兰盆：意译为救倒悬。旧传目连从佛言，于农历七月十五置百味五果，供养三宝，以解救其亡母于饿鬼道中所受倒悬之苦。

② 时果：应时的水果。

③ 面棋：面棋子。用面粉做成的棋子状的食品。

④ 茹素：吃素食，不吃鱼肉等荤腥。

⑤ 屠门：肉市。

⑥ 既望：指望日的次日，通常指农历每月十六。

⑦ 艨（méng）艟（chōng）：也作"蒙冲"。古代的一种战船。

者，如履平地。倏尔①黄烟四起，人物略不相睹，水爆轰震，声如崩山。烟消波静，则一舸②无迹，仅有敌船③为火所焚，随波而逝。

吴儿善泅者数百，皆披发文身，手持十幅大彩旗④，争先鼓勇，溯迎而上，出没于鲸波万仞中，腾身百变，而旗尾略不沾湿，以此夸能。而豪民贵宦，争赏银彩。

江干上下十余里间，珠翠罗绮溢目，车马塞途，饮食百物皆倍穹常时，而僦赁看幕⑤，虽席地而不容间也。

禁中例观潮于天开图画⑥，高台下瞰，如在指掌。都民遥瞻黄伞雉扇于九霄之上，真若箫台⑦、蓬岛⑧也。

重九

禁中例于八日作重九排当，于庆瑞殿分列万菊，灿然眩眼，且点菊灯，略如元夕。内人乐部，亦有随花赏，如前"赏花"例。盖赏灯之宴，权舆⑨于此，自是日盛矣。或于清燕殿、缀金亭赏橙桔。遇郊祀岁则罢宴。

---

① 倏（shū）尔：忽然。

② 舸（gě）：大船。

③ 敌船：军演中的"敌船"。

④ 手持十幅大彩旗：手里拿着十幅宽的大彩旗。幅，这里作形容词，表示宽度。

⑤ 僦（jiù）赁看幕：租用观潮时的帐幕。

⑥ 天开图画：本义是上天展示出来的图画。这里是高台的名称。

⑦ 箫台：凤台。箫史的吹箫台。

⑧ 蓬岛：蓬莱山。神话传说中的神山。诗文中借以比喻仙境。

⑨ 权舆：开始。

都人是月饮新酒，泛萸①簪菊②。且各以菊糕为馈，以糖、肉、秫③面杂糅④为之；上缕肉丝鸭饼，缀以榴颗，标以彩旗；又作蛮王狮子⑤于上，又糜栗为屑，合以蜂蜜，印花脱饼，以为果饵。又以苏子⑥微渍梅卤，杂和蔗霜、梨、橙、玉榴小颗，名曰"春兰秋菊"。雨后新凉，则已有炒银杏、梧桐子吟叫于市矣。

开炉

是日，御前供进夹罗御服，臣僚服锦袄子夹公服，"授衣⑦"之意也。自此御炉日设火，至明年二月朔止。皇后殿开炉节排当。是月遣使朝陵，如寒食仪。都人亦出郊拜墓，用绵球楮衣⑧之类。

冬至

朝廷大朝会庆贺排当，并如元正仪，而都人最重一阳⑨贺冬⑩，车马皆华整鲜好，五鼓已填拥杂沓于九街。妇人小儿，

---

① 泛萸：用茱萸浮于酒面饮之。

② 簪菊：古人于重九日插戴菊花谓之簪菊。

③ 秫（shú）：古指有黏性的谷物。

④ 糅（róu）：混杂。

⑤ 蛮王狮子：狮蛮。宋代重阳节蒸糕上的粉制饰物。亦借指这种蒸糕。

⑥ 苏子：紫苏子。

⑦ 授衣：制备冬衣。

⑧ 绵球楮衣：焚烧绵球和楮衣。为故去的人"送衣"。

⑨ 一阳：指一阳初动。

⑩ 贺冬：指冬至日的祝贺活动。流行于全国多数地区。汉代已有此俗。

服饰华炫，往来如云。岳祠、城隍诸庙，炷香者尤盛。三日之内，店肆皆罢市，垂帘饮博，谓之"做节"。享先①则以馄饨，有"冬馄饨，年馎饦②"之谚。贵家求奇，一器凡十余色，谓之"百味馄饨"。

赏雪

禁中赏雪，多御明远楼（禁中称"楠木楼"）。后苑进大小雪狮儿③，并以金铃彩缕为饰，且作雪花、雪灯、雪山之类，及滴酥为花及诸事件④，并以金盆盛进，以供赏玩。并造杂煎品味，如春盘饳饤、羊羔儿酒以赐。并于内藏库⑤支拨官券数百万，以犒诸军，及令临安府分给贫民，或皇后殿别自支犒。而贵家富室，亦各以钱米犒闾里⑥之贫者。

岁除

禁中以腊月二十四日为小节夜，三十日为大节夜，呈女童驱傩⑦，装六丁、六甲、六神之类，大率如《梦华》所载。后苑修内司各进消夜果儿，以大合簇饤凡百余种，如蜜煎珍

---

① 享先：祭祀祖先。
② 馎（bó）饦：傅（bó）饦。一种传统水煮面食。
③ 雪狮儿：用雪堆塑的狮子。
④ 事件：器物。
⑤ 内藏库：宋官署名，属太府寺。掌储存每所经费结余，以供非常之用。
⑥ 闾（lú）里：乡里。
⑦ 驱傩（nuó）：中国年终或立春时节驱鬼迎神赛会活动。驱傩在宋代有大傩仪、小傩仪之分。盛行于宫中的主要为大傩仪。据宋代人解释，大傩，意在"逐尽阴气为阳导也，今人腊岁前一日击鼓驱疫，谓之逐除是也"。

果,下至花饧、蜞豆,以至玉杯宝器、珠翠花朵、犀象博戏之具,销金斗叶①、诸色戏弄之物,无不备具,皆极小巧。又于其上作玉辂,高至三四尺,悉以金玉等为饰,护以贴金龙凤罗罩,以奇侈求胜。一合之费,不啻中人十家之产,止以资天颜一笑耳。后妃诸阁,又各进岁轴儿及珠翠百事、吉利市袋儿、小样金银器皿,并随年金钱②一百二十文。旋亦分赐亲王贵邸、宰臣巨珰。至于爆仗,有为果子人物等类不一。而殿司所进屏风,外画钟馗捕鬼之类。而内藏药线,一蒸③连百余不绝。箫鼓迎春。鸡人④警唱,而玉漏⑤渐移,金门已启矣。

岁晚节物

腊日⑥,赐宰执、亲王、三衙从官、内侍省官并外阁、前宰执等腊药⑦,系和剂局造进(宋刻"局"下有"方"字)及御药院特旨制造银合,各一百两以至五十两、三十两各有差。伏日⑧,赐暑药亦同。

都下⑨自十月以来,朝天门内外竞售锦装、新历、诸般

---

① 斗叶:一种博戏。纸牌戏之一种。

② 年金钱:压岁钱。

③ 爇(ruò):焚烧。

④ 鸡人:周官名。掌供办鸡牲。凡举行大典,则报时以警夜。

⑤ 玉漏:古代计时漏壶。

⑥ 腊日:古时岁终祭祀百神的日子,一般指腊八。

⑦ 腊药:腊冬所制药剂。多供滋补用。

⑧ 伏日:三伏的总称,一年中最热的时候。古代亦指三伏中祭祀的一天。

⑨ 都下:京都。

大小门神、桃符、钟馗、狻猊①、虎头及金彩缕花、春帖幡胜之类，为市甚盛。八日，则寺院及人家用胡桃、松子、乳蕈②、柿栗之类作粥，谓之"腊八粥"。医家亦多合药剂，侑③以虎头丹、八神、屠苏④，贮以绛囊，馈遗大家，谓之"腊药"。至于馈岁盘合、酒担羊腔，充斥道路。二十四日，谓之"交年⑤"，祀灶用花饧、米饵及烧替代⑥及作糖豆粥，谓之"口数"。市井迎傩，以锣鼓遍至人家乞求利市。

至除夕，则比屋⑦以五色纸钱（宋刻"钱纸"）酒果，以迎送六神于门。至夜，贲烛糁盆⑧，红映霄汉，爆竹鼓吹之声，喧阗彻夜，谓之"聒厅"。小儿女终夕博戏不寐，谓之"守岁"。又明灯床下，谓之"照虚耗⑨"。及贴天行贴儿财门于楣。祀先之礼，则或昏或晓，各有不同。如饮屠苏、百事吉、胶

---

① 狻（suān）猊（ní）：中国古代神话传说中龙生九子之一。形如狮，喜烟好坐，所以形象一般出现在香炉上，随之吞烟吐雾。古书记载是外貌与狮子相似能食虎豹的猛兽，亦是威武百兽率从之意。

② 乳蕈：小蘑菇。

③ 侑（yòu）：佐助。

④ 屠苏：酒名。古代汉族风俗于农历正月初一饮屠苏酒以避瘟疫。

⑤ 交年：交年节。宋代以十二月二十四日为交年节。谓旧年和新年在这一天交接。民间皆焚钱纸，诵道佛经咒，以送故迎新。

⑥ 烧替代：指用烧纸钱来贿赂灶神。

⑦ 比屋：家家户户。常用以形容众多、普遍。

⑧ 糁（shēn）盆：旧俗，岁时送神或祠祭、燕设，燃火于门外以祀神，兼取旺盛之相，亦谓之糁盆，燃料不限于麻糁。

⑨ 照虚耗：古代风俗，于十二月二十四日或除夕点灯照床下，以驱除秽邪鬼怪，谓之"照虚耗"。

牙饧、烧术①、卖懵②等事，率多东都之遗风焉。

守岁之词虽多，极难其选，独杨守斋《一枝春》最为近世所称，并书于此云："竹爆惊春，竞喧阗，夜起千门箫鼓，流苏帐暖，翠鼎缓腾香雾，停杯未举，奈刚要，送年新句，应自有，歌字清圆，未夸上林莺语。从他岁穷日暮，纵闲愁、怎减阮郎风度（宋刻'阮'作'刘'），屠苏办了，迤逦柳忺③梅妒（宋刻'忺'作'忻'），宫壶未晓，早骄马、绣车盈路，还又把、月夕花朝，自今细数。"

---

① 烧术：应指烧苍术。

② 卖懵（měng）：卖懵懂。犹言卖痴呆。宋时的一种民俗。

③ 忺（xiān）：高兴；适意。

卷四

故都宫殿

门：

丽　正（南门）和　宁（北门）东　华（东门）西　华（西门）

苑　东　　　苑　西　　　北　宫　　　南　宫

南水门　　　东水门　　　会　通　　　上　阁

宣　德　　　隔　门　　　斜　门　　　关　门

玉华阁　　　含　和　　　贻　谟（二门系天章阁）

殿：

垂　拱（常朝四参①）　文　德（六参②宣布）

大　庆（明堂朝贺）　紫　宸（生寿）　集　英（策士）

以上谓之"正朝"。亦有随事更名者。

后殿：

延　和（宿斋避殿）　崇　政（即祥曦）　福　宁（寝殿）

复　古（高宗建）　选　德（孝宗建。御屏有监司、郡守姓名）

缉　熙（理宗建）　熙　明（即修政。度宗建）

明　华　　　清　燕　　　膺　福

庆　瑞（即顺庆。理宗建）　　　射　殿

---

① 四参：谓宰执、侍从、武臣正任、文臣卿监员郎监察御史以上。

② 六参：谓一月朝参六次。

需　云（大宴）　　　　符　宝（贮恭膺天命之宝①）

嘉明（度宗以绎已堂改）　明　堂（即文德合祭改）

坤　宁（皇后）　　　　秾　华（皇后）

慈　明（杨太后。累朝母后皆旋更名）　慈　元（谢太后）

仁　明（全太后）　进　食（即勤政）　钦　先（神御）

孝　思（神御）　　清　华

堂：

翠　寒（高宗以日本罗木建，古松数十株）　澄　碧（观堂）

芳　春　　　　凌　寒　　　　钟　美（牡丹）

灿　锦（海棠）　燕　喜　　　　静　华

清　赏　　　　稽　古（御书院）　清　远

清　彻　　　　澄　碧（水堂）　　蕊　渊

环　秀（山堂）　文　囿（御书院）　书　林（御书院）

华　馆　　　　衍　秀　　　　披　香

德　勤　云　锦（荷堂。李阳冰书匾）

清　霁　萼绿华（梅堂。李阳冰书额。度宗易名"琼姿"）

碧　琳　　　　凝　光　　　　澄　辉

绣　香　　　　呈　芳

会　景（青花石柱，香楠袱额，玛瑙石砌）

正　始（后殿。谢后改"寿宁殿"）　怡　然（惠顺位）

信　美（婉容位）

---

① 恭膺天命之宝：皇帝受命即位所刻的宝玺。

斋：

损　斋（高宗建）　彝　斋　谨习斋　燕申斋

楼：

博　雅（书楼）　观　德　万　景　清　暑

清　美　　　　明　远　倚　香

阁：

龙　图（太祖、太宗）天　章（真宗。并祀祖宗神御）

宝　文（仁宗）　显　谟（神宗）　徽　猷（哲宗）

敷　文（徽宗）　焕　章（高宗）　华　文（孝宗）

宝　谟（光宗）　宝　章（宁宗）　显　文（理宗）

云　章（祖宗御书。宋刻误"度宗"）　清　华

凌　虚　　　　清　漏　　　　倚　桂

来　凤　　　　观　音　　　　芙　蓉

万　春（太后殿）

台：

钦　天（奉天）　宴　春　　　秋　芳

天开图画　　　舒　啸　　　跄　台

轩：

晚　清

阁①：

清　华　　　　睿　思　　　　怡　真

————————

① 阁：指古代宫殿的侧门。

容 膝　　受 厘　　绿 绮

观：

云 涛

亭：

清 凉（宋刻"清泳"）　　清 趣　　清 颢
清 晖　　清 迥　　清 隐　　清 寒
清 激（放水）清 玩　　清 兴　　静 香
静 华　　春 妍　　春 华　　春 阳
春 信（梅）融 春　　寻 春　　映 春
余 春　　留 春　　皆 春　　寒 碧
寒 香　　香 琼　　香 玉（梅）香 界
碧 岑　　滟 碧（鱼池）　　琼 英
琼 秀　　明 秀　　濯 秀　　衍 秀
深 秀（假山）　　锦 烟　　锦 浪（桃花）
绣 锦　　万 锦　　丽 锦　　丛 锦
照 妆（海棠）　　浣 绮　　缀 金（橙橘）
缀 琼（梨花）　　秾 香　　暗 香
晚节香（菊）　　岩 香（桂）云 岫（山亭）
映 波　　含 晖　　达 观　　秀 野
凌 寒（梅竹）　　涵 虚　　平 津
真 赏　　芳 远　　垂 纶（近池）
鱼 乐（池上）　　喷 雪（放水）

流芳　　　芳屿（山子）　　玉质
此君（竹）　聚芳　　　　延芳
兰亭　　　激湍　　　　　崇峻
惠和　　　浮醴　　　　　泛羽（并流杯亭）
凌穹（山顶）迎熏　　　　会英
正己（射亭）丹晖　　　　凝光
雪径（梅）　参月　　　　共乐
迎祥　　　莹妆　　　　　植杖（村庄）
可乐　　　文杏　　　　　壶中天

别是一家春（度宗新创。或谓此非佳谶也，未几果验）

园：

小桃源（观桃）杏坞　　　梅冈
瑶圃　　　村庄　　　　　桐木园

庵：

寂然　　　怡真

坡：

玛瑙　　　洗马

桥：

万岁　　　清平　　　春波　　　玉虹

泉：

穗泉

御舟：

兰桡　　荃桡　　旱船

教场：

南教场　　北教场

禁中及德寿宫皆有大龙池、万岁山，拟西湖冷泉、飞来峰。若亭榭之盛，御舟之华，则非外间可拟。春时竞渡及买卖诸色小舟，并如西湖，驾幸宣唤，锡赉①巨万。大意不欲数跸②劳民，故以此为奉亲之娱耳。

御园：

聚景园（清波门外孝宗致养③之地，堂匾皆孝宗御书。淳熙中，屡经临幸。嘉泰间，宁宗奉成肃太后临幸。其后并皆荒芜不修。高疏寮诗曰："翠华不向苑中来，可是年年惜露台。水际春风寒漠漠，官梅却作野梅开。"）

会芳殿　　瀛春堂　　镜远堂（宋刻"揽远"）

芳华堂　　花光亭（八角）　　瑶津　　翠光

桂景　　滟碧　　　凉观　　琼芳

彩霞　　寒碧　　柳浪桥　　学士桥

玉津园（嘉会门外。绍兴间，北使燕射于此。淳熙中，孝宗两幸。绍熙中，光宗临幸）

---

① 锡赉：赐予。

② 跸（bì）：帝王出行时，开路清道，禁止通行。

③ 致养：奉养亲老。

富景园（新门外。孝宗奉太后临幸不一。俗呼"东花园"）

屏山园（钱湖门外。以对南屏山，故名。理宗朝改名"翠芳园"。余见西湖门）

玉壶园（钱塘门外。本刘鄜王园，有明秀堂。余见西湖门）

琼华园　　小隐园

集芳园（葛岭。原系张婉仪园，后归太后。殿内有古梅老松甚多。理宗赐贾平章。旧有清胜堂、望江亭、雪香亭等。余见西湖门）

延祥园（西依孤山，为林和靖故居。花寒水洁，气象幽古。三朝临幸。余见西湖门）

瀛　屿（在孤山之椒。旧名"凉堂"。西壁萧照画山水。理宗易今名。今为西太乙宫黄庭殿）

挹翠堂（旧名"黑漆堂"。理宗御书）香　远（旧秀莲亭）

香　月（倚里湖。旧名"水堂"。理宗御书）

清　新（旧六橡堂）

白莲堂　　六一泉堂　　桧　亭　　梅　亭

上船亭　　东西车马门　　西村水（宋刻"阁"）

御舟港　　林逋墓　　陈朝桧（有御书诗）

金沙井　　玛瑙坡

六一泉：①

高疏寮诗云："水明一色抱神州，雨压轻尘不敢浮。山北山南人唤酒，春前春后客凭眸②（宋刻'楼'）。射熊馆暗花投扆③，下鹄池深柳拂舟。白发邦人能道旧，君王曾奉上皇游。"

德寿宫（孝宗奉亲之所）：

聚远楼（高宗雅爱湖山之胜，恐数跸烦民，乃于宫内凿大池，引水注之，以像西湖冷泉；叠石为山，作飞来峰，因取坡④诗"赖有高楼能聚远，一时收拾与闲人"名之。周益公进端午帖子云："聚远楼头面面风，冷泉亭下水溶溶。人间炎热何由到，真是瑶台第一重。"孝宗御制冷泉堂诗以进，高宗和韵，真盛事也）

香远堂（荷）　清深堂（竹）　松菊三径（菊、芙蓉、竹）

梅　坡　　月　榭　　清　妍（荼䕷）

清　新（桂）　　　芙蓉冈（以上并东地分⑤）

射　厅　　载忻堂（御宴之所）

临　赋（荷池）　　粲　锦（金林檎）

---

① 六一泉：在杭州孤山西南麓。宋欧阳修晚号"六一居士"，曾与西湖僧惠勤友善。元祐四年，苏轼再守杭州时，二人皆已死，忽有清泉出惠勤讲堂之后，为纪念欧阳修，遂命名为"六一泉"。

② 眸（móu）：眼睛。

③ 扆（yǐ）：古代的一种屏风。

④ 坡：苏东坡。

⑤ 以上并东地分：以上所举均为德寿宫东部的景观。下同。

至　乐（池上）　清　旷（桂）　半绽红（郁李）

泻　碧（金鱼池。以上并南地分）　冷泉堂（古梅）

文杏馆　　　　静　乐（牡丹）

浣　溪（海棠。以上并西地分）　绛　华（罗木堂）

旱　船　　　　俯　翠（茅亭。以上并北地分）

重华宫（孝宗内禅所居。即德寿宫）

慈福宫（宪圣[①]书。成二太后[②]所居。即重华宫）

寿慈宫（即慈福宫。改重寿殿）

东宫：

资善堂　　　凤山楼　　　荣观堂　　　玉渊堂

清赏斋（宋刻"堂"）　　新益堂

绛己堂　　　射　圃

乾淳教坊乐部
杂剧色

德寿宫：

刘景长（使臣[③]）

王　喜（保义郎头[④]。各都管使臣，又名公谨，号玩隐老人）

茆山重（节牙头。"节"宋刻作"茅"）　盖门贵

[①] 宪圣：宋高宗吴皇后，卒谥"宪圣慈烈"，故称。

[②] 成二太后：指宋孝宗夏皇后及谢皇后。因其死后分别谥为"成恭太后"与"成肃太后"，故称。

[③] 使臣：宫廷的乐官。

[④] 保义郎头：似绰号。

盖门庆（末①）　侯　谅（侯大头次末②）　张　顺

曹　辛　　　宋　兴（燕子头）

李泉现（引兼舞三台）

衙前：

龚士美（使臣都管）刘恩深（都管）陈嘉祥（节级③）

吴兴祐（德寿宫引兼舞三台）吴　斌（宋刻"赋"）

金彦升（管干教头）王　青　　孙子贵（引）

潘浪贤（引兼末部头④）王赐恩（引）胡庆全（蜡烛头）

周　泰（次⑤）　　郭名显（引）

宋　定（次德寿宫蚌蛤头）

刘　信（副⑥部头）成　贵（副）　陈烟息（副大口）

王侯喜（副）　　孙子昌（副末节级）

焦金色　　　杨名高（末）　宋昌荣（副欢喜头）

前教坊：

伊朝新　　　　王道昌

前钩容直：

仵谷丰（五味粥。"仵"宋刻作"杵"）

---

① 末：宋杂剧角色名，扮演者主要为男子。今京剧归入老生一类。

② 次末：宋杂剧角色名，为末的一种。

③ 节级：唐宋时低级武职官员。也是戏中角色名。

④ 部头：宋代伶官乐师、教坊属下各部的头领。

⑤ 次：次末的简称。

⑥ 副：副末。宋杂剧、金院本的角色。从参军戏中的苍鹘演变而来。任务是烘托发挥"副净"所制造的笑料。

李外喜（"喜"宋刻作"善"）

和顾[①]：

刘　庆（次刘衮）梁师孟　朱　和（次贴衙前鳝鱼头）

宁　贵（宁镬）　蒋　宁（次贴衙前利市头）

司　进（丝瓜儿）郝　成（次贴衙前小锹）　高门兴

高门显（羔儿头）高　明（灯搭儿）　　　刘　贵

段世昌（段子贵）司　政（仙鹤儿）　　　张舜朝

赵民欢　　　　龚安节　　　　　严父训

宋朝清　　　　宋昌荣（二名守衙前）

周　旺（丈八头）下　畴　　　　　宋　吉

伊　俊　　　汪　泰　　王原全（次贴衙前）

王　景　　　郑　乔　　王来宣

张　显（守阙祗应黑俏）　焦　喜（焦梅头）

歌板色

德寿宫：

李行高（笛兼）

衙前：

王　信（拍兼）

拍板色

（衙前笛色，王均。觱篥色，郑彦。周贤良兼拍板）

---

① 和顾：和雇。临时雇用的民间艺人。

德寿宫：

刘　益（使臣）　谢春泽

衙前：

吴兴祖（节级）　赵　永（部头）　花　成

时世俊（守阙节级）

前钧容直：

崔　喜

琵琶色

（衙前豪师古兼琵琶）

德寿宫：

胡永年（武功大夫）　谢圣泽

衙前：

焦　进（部头）　赵昌祖　段从善（宋刻"段从容"）

和顾：

吴良辅　　　豪士英　　　曹彦国

箫　色

衙前：

曾延庆（部头）　刘　珣　　　周　济（部头）

和顾：

朱世良（兼筝。宋刻"世昌"）　　王　谨

刘宗旺　　　周　亨　　　陈　籥

嵇琴色

德寿宫：

曹友闻（承节郎守阙都管）

衙前：

杨春和（人员守阙都管）　　魏国忠（节级兼舞）

孙良佐　石　俊　冯师贤

和顾：

刘运成　赵　进（杖鼓兼）

惠　和　冯师贤　王处仁

筝　色

德寿宫：

朱邦直（忠训郎）

衙前：

张行福（部头）　　豪士良　高　俊

前教坊：

聂庭俊

前钧容直：

李　吉

笙　色

德寿宫：

汤士成　孙显祖

衙前：

宋世宁（节级）　　豪师古（兼琵琶）

傅　诏（管干人。宋刻"绍"）

邓孝仁　　　　　赵　福（兼德寿宫）

前钩容直：

吴　胜

前教坊：

刘永显

和顾：

张世荣　　康彦和　　王兴祖

＊觱篥色＊

德寿宫：

田正德（教坊大使）　鞠思忠　　　　孙庆祖

刘舜俞　　　　　　陈永良

衙前：

李　祥（守阙节级）　仇　彦（节级）　王　恩（节级）

李　和（部头）　　时世荣（部头）　王正德

王道和　　　　　　慢守恭　　　　　李　遇

金宗信（兼德寿宫）　郑　彦（兼拍板）张　匀

刘　道　　　　　　朱　贵（管干人）曹彦兴

吴良佐　　　　　　孟　诚　　　　　陈　祐

丘　彦（管干人）　邓孝元　　　　　王　永

周贤良（兼拍板）　　　　陈师授（兼德寿宫）

陈永良（兼德寿宫）

前教坊：

戚兴道　　　李彦美　　　郭席珍

前钧容直：

王　宣　　　唐　政

和顾：

于　庆（兼舞）　冯　宣　　　王　椿　　　倪　润

李　祥（守阙节级。宋刻"都级"）　陈继祖

季　伦　　　张彦明　　　陈良畴（宋刻"俦"）

冯　昇　　　商　翼　　　时世显　　　王文信

王延庆　　　谢　润　　　张　荣（第三名守阙衙前）

时显祖　　　费仍裕　　　任再兴　　　李乐正

蔡邦彦　　　郑　彬　　　时允恭　　　金　润

王　寿　　　王思齐（宋刻"思斋"）　　于　成

孙良辅　　　崔　显　　　卢茂春　　　王师忠

宋康宁　　　张　端　　　顾　宣　　　王仲礼

郭达宗（宋刻"建宗"）　　刘　顺（守阙衙前）

＊笛　色＊

德寿宫：

元守正（忠翊郎）　　　　孙　福（使臣）

孙继祖　　　张行谨

衙前都管：

孙　福（使臣）　　朱　榛（人员守阙都管）

张守忠（节级）　　杨　胜（节级）　　王　喜（节级）

张师孟（部头）　　岳　兴（部头）　　李智友

段从礼　　朱　顺　　陈　俊　　雷兴祖

王仕宁　　时　宝（部头兼德寿宫）　　孙　进

郭　彦　　杨　选（兼德寿宫）　　金　仪

赵　俊（守阙节级）　　赵　顺　　杨元庆

时　定　　赵兴祖　　阴显祖　　丘　遇

徐　识　　孙　显　　王　筠（兼德寿宫拍板）

张　荣　　郭　亨　　元舜道

前教坊：

金宗训　　俞　德　　谢祖良　　曾延广

李　进

前钧容直：

王　喜　　俞　德　　冀　恩

和顾：

张　亿　　茆　庆　　张师颜　　刘国臣

赵　昌　　张　广　　元舜臣　　沈　琮（杖鼓）

胡良臣　　王师仲　　徐　亨　　张　义

林　显　　郑　青　　陈士恭　　巫　彦

朱世荣　　朱绍祖　　翟　义　　张孝恭

汪　定　　费　兴　　李　升　　冯士恭

陈　宝　　杨　善　　尹师授　　张　介

贺　宣　　朱　荣　　朱　元（守阙衙前）

轩　定（鼓板）　　张　成（鼓板）

阎　兴（鼓板）　　王　和（鼓板）

陈　焕　　张世亨　　许　珍　　张　渊

孙显宗　　崔　成（守阙衙前）

方响色

德寿宫：

齐　宣　　田世荣

衙前：

葛元德（部头）　　于　喜　　齐宗亮（管干人）

前钧容直：

高　福

和顾：

马重荣（宋刻"仲荣"）

尹　朝　　于　通　　刘才高

杖鼓色

德寿宫：

张名高　　孟　清

衙前：

高　宣（节级）　　时思俊（守阙节级、部头兼板）

程 盛　　齐 喜　　　孟文叔（守阙节级）

时 和　　邓友端　　徐宗旺

呈兴福（兼德寿宫）　　邓世荣　　张兴禄（管干人）

叶 喜

前教坊：

鞠 端

前钧容直：

阎 兴　　邢 智

和顾：

张士成　　张 润　　张 义　　张世昌

张世显　　孙 荣　　段锦新　　蔡显忠

齐宗景　　郭兴祖　　时康宁　　高 润

张 皋　　傅良佐　　李晋臣　　思 芸

范 琦　　段 锦

大鼓色

德寿宫：

张 佑　　李 吉

衙前：

董 福（部头）　　李 进　　周 均（小唱[①]）

张 佑（兼德寿宫）

---

① 小唱：乐曲体裁之一，由管乐伴奏；后演变成民间曲艺。

和顾：

赵　庆（鼓儿）　　刘　成　　孙　成（鼓儿。习学大鼓）

王　富（勾般。习学大鼓）　　尹师聪（鼓儿）

张守道（唱道情①）　　张　升（鼓儿）

宋　棠（掌仪下书写文字）　　喻　祥（小唱）

钱　永（守阙衙前）

舞　旋

（嵇琴：魏国忠；琵琶：豪士英，并兼舞三台）

德寿宫：

刘良佐（武德郎）

御前：

杜士康

和顾：

于　庆

杂剧三甲

刘景长一甲八人：

戏头李泉现　引戏吴兴祐　次净茆山重　侯　谅

周　泰　　副末王喜　　装旦孙子贵

盖门庆进香一甲五人：

戏头孙子贵　引戏吴兴祐　次净侯谅　副末王喜

---

① 道情：汉族传统曲艺品种的一个类别。渊源于唐代的《承天》《九真》等道曲。南宋始用渔鼓、简板伴奏，故又称道情渔鼓。

内中祇应一甲五人：

戏头孙子贵　引戏潘浪贤　次净刘衮　副末刘信

潘浪贤一甲五人：

戏头孙子贵　引戏郭名显　次净周泰　副末成贵

＊筑球三十二人＊

左军一十六人：

球头张俊　　跷球王怜　　正挟朱选　头挟施泽
左竿网丁诠　右竿网张林　散立胡椿等

右军一十六人：

球头李正　　跷球朱珍　　正挟朱选　副挟张宁
左竿网徐宾　右竿网王用　散立陈俊等

杂班：

双头侯谅　　散耍刘衮　　刘　信

小乐器：

嵇琴曹友闻　箫管孙福　篆①刘运成　拍侯谅

＊鼓　板＊

衙前一火：

鼓儿尹师聪　拍张顺　　　笛杨胜　　张师孟

和顾二火：

笛张成（老僧）　　　　　阎　俊（望伯）

---

① 篆（qín）：古代乐器名，形制如筝，有七弦。

张　喜　　鼓儿张升　　笛王和（小四）

鼓儿孙成（换僧）　　　　拍张荣（狗儿）

马后乐

拍板：

吴兴祖

觱篥：

田正德　　孙庆祖　　陈师授

笛：

孙　福　　时　宝　　元守正

提鼓：

孙子贵　　札　子　　孟　清　　时世俊

高　宣　　吴兴福　　张兴禄

内中上教博士

王　喜　　刘景长　　曹友闻　　朱邦直

孙　福　　胡永年（各支月银一十两）

杂剧：

王　喜　　侯　谅　　吴兴福　　吴兴祐

刘景长　　张　顺

拍板：

田正德　　谢春泽

琵琶：

胡永年

舞：

刘良佐

嵇琴：

曹友闻　　杨春和

筝：

朱邦直

方响：

齐　宣

笙：

汤士成

篆：

刘运成

觱篥：

孙庆祖

笛：

孙　福　　时　宝

＊掌仪范等合干人＊

掌仪范：

朱邦直　　曹友闻　　元守正　　孙　福

朱　榛（守阙）

衙前都管：

刘恩深　　孙　福　　王公谨（守阙）

管干教头：

朱 贵　　张兴禄　　丘 彦

傅 诏（宋刻"绍"）　　齐宗亮

逐色部头：

刘 信　　赵 永　　焦 进　　周 济

杨春和　　宋世宁　　李 和　　时世荣

时 宝　　岳 兴　　葛元德　　高 宣

董 福　　时世俊　　杜士康　　潘浪贤

卷五

湖山胜概

南山路（自丰乐楼南，至暗门钱湖门外，入赤山烟霞石屋止。南高峰、方家峪、大小麦岭并附于此）：

丰乐楼（旧为"众乐亭"，又改"耸翠楼"，政和中改今名。淳祐间，赵京尹与筹重建，宏丽为湖山冠。又甃①月池，立秋千栒②门，植花木，构数亭，春时游人繁盛。旧为酒肆，后以学馆致争，但为朝绅同年会拜乡会之地。林晖、施北山皆有赋。赵忠定《柳梢青》云："水月光中，烟霞影里，涌出楼台，空外笙箫，云间笑语，人在蓬莱。天香暗逐风回，正十里，荷花盛开。买个偏舟，山南游遍，山北归来。"吴梦窗尝③大书所赋《莺啼序》于壁，一时为人传诵）

湖堂（旧在耸翠楼侧，又有集贤亭，今并不存）

吕洞宾祠（旧传洞宾尝至此）

灵芝崇福寺（钱王故苑，以芝生其间，舍以为寺，故名"灵芝"。高宗、孝宗凡四临幸。有浮碧轩、依光堂，亦为新进士会拜、题名之所。朱静佳诗云："黄金匝地小桥通，四面清平纳远空。云气长④扶天子座，日光浮动梵王宫。残碑几

---

① 甃（zhòu）：井。

② 栒：另音 xùn，木名。

③ 尝：曾。

④ 长：同"常"。

字莓苔雨，清磬一声杨柳风。沙鸟不知行乐事，背人飞过夕阳东。"）

显应观（祀磁州神崔府君。六月六日生日，其朝游人甚盛。咸淳间改"昭应"，今归灵芝寺。旧有萧照山水及苏汉臣画壁，今不复存矣）

杨郡王府上船亭

聚景园（详见"御园门"）灵应堂（俗呼"包道堂"）

宝莲院　　紫霄宫廨院　　宝成院（旧名"释迦"）

兴福院　　永隆院　　慧光尼庵（张循王府）

省马院船步（内有正觉、超化二院）长桥　　妙净院

宝德寺（杨和王重建。充三衙建圣节道场）

希夷道堂（刘莨衣建于南屏园左，今移于此）

真珠园（有真珠泉、高寒堂、杏堂、水心亭、御港。曾经临幸。今归张循王府）

南园（中兴后所创。光宗朝，赐平原郡王韩侂胄，陆放翁为记。后复归御前，改名"庆乐"，赐嗣荣王与芮，又改"胜景"。有许闲堂、相容射厅、寒碧台、藏春门、凌风阁、西湖洞天、归耕庄、清芬堂、岁寒堂、夹芳、豁望、矜春、鲜霞、忘机、照香、堆锦、远尘、幽翠、红香、多稼、晚节香等亭。秀石为上，内作十样锦亭，并射圃、流杯等处。弁阳翁诗云："清芬堂下千株桂，犹是韩家旧赐园。白发老翁和泪说，百年中见两平原。"又云："旧事凄凉尚可寻，断碑闲卧草深深。

凌风阁下槎牙树，当日人疑是水沉。"）

雷峰显严院（郡人雷氏所居，故名"雷峰"。钱王妃建寺筑塔，名"皇妃塔"。或云"地产黄皮"，遂讹为"黄皮塔"。山顶有通玄亭、望湖楼）

普宁寺（又名"白莲"。有铁塔一、石塔二）

云涛观

净相院（旧名"瑞相"。有无尽意阁、娱客轩。一段奇轩，幽深可喜。今皆不存）

上清宫（葛仙炼丹旧址，道士胡莹微祖筑庵，郑丞相清之曾此读书。淳祐中重建，赐今额。理宗御书"清净道场"。"场"宋刻作"院"）

甘园（内侍甘升园，又名"湖曲"。曾经临幸，至今有御爱松、望湖亭、小蓬莱、西湖一曲。后归赵观文，又归谢节使。弁阳翁诗云："小小蓬莱在水中，乾淳旧赏有遗踪。园林几换东风主，留得庭前御爱松。"）

御船坊（理宗御舟在焉）

净慈报恩光孝禅寺（孝宗尝临幸。山曰"南屏"，有慧日峰，旧名"慧日永明"。太宗赐"寿宁院"额。孝宗御书"慧日阁"。有千佛阁、五百罗汉堂。理宗御书"华严法界""正遍知阁"等额。梁贞明大铁锅存焉。画壁作五十三参[①]等。寺

[①] 五十三参：佛教传说，善财童子受文殊菩萨指点，南行五十三处，参访名师，听受佛法，终成正果。

后庵宇甚幽。大抵规模与灵隐相若[1]，故二寺号南北山之最。东坡诗云："卧闻禅老入南山，净扫清风五百间。"其宏壮自昔已然，今益侈大矣）

  山南照庆院（宋刻"南山昭庆院"）

  惠照寺（后为斋宫，今归净慈）

  南屏御园（正对南屏山。又名"翠芳"）

  南屏兴教寺（旧名"善庆"。有齐云亭、清旷楼、米元章书"琴台"及唐人磨崖[2]八分[3]"家人"卦、《中庸》、《乐记》篇。后人于石傍刊"右司马温公书"六字，其实非公书也）

  广法院（齐王功德院。有清旷亭）

  法因院（景献太子攒所。有古铁塔、钱王井）

  宝林院（庄文太子攒所。旧名"总持"。有可赋轩）

  赤山攒宫（旧瑞龙寺，后为安穆、成恭、慈懿、恭淑四后攒所，今为炽盛光寺）

  修吉寺（旧瑞龙寺移于此。有西湖奇艳）

  正济寺（又名"普门"）

  法雨寺（旧名"水心"，又改"云龙"。有赵清献、杨无为题名等）

  安福尼寺 极乐尼寺

---

[1] 相若：相近。

[2] 磨崖：摩崖。把文字直接书刻在山崖石壁上。

[3] 八分：八分书。隶书的一种，人们把带有明显波磔特征的隶书称为"八分书"。亦称"分书""分隶"。汉末魏晋之际，"八分"这个名称才在典籍中出现。

高丽寺（旧名"惠因寺"。湖山间惟此寺无敕额。元丰间，高丽王子僧统义天①入贡，学贤首教于此，因施金建华严阁。有易庵、期忏堂。皇姑成国公主殡所）

惠因桥（秦少游《龙井纪游》所谓"濯足于惠因涧"，即此是焉）

玉岑山　广果寺　　开化尼寺

六通慈德院（旧名"惠德塔"）　法兴院（宋刻"寺"）

保福院　长耳相院（旧名"法相"）　定光庵（有定光泉）

永庆院　延长真如院　　延寿山

净梵院（旧名"瑞峰"）　崇教院

石屋洞（大仁院有石庵，天成石罗汉。其洞后又一石洞，名"蝙蝠洞"）

水乐洞（院名"西关净化"，即满觉院山。孝宗时赐李隶。慈明殿赐杨郡王，后归贾平章。山石奇秀，中一洞嵌空有声，以此得名。有声在堂、界堂、爱此留照、独喜玉渊、漱石宜晚、上下四方之宇诸亭，及金莲池）

满觉院（旧名"圆兴"。今在水乐洞岭傍）　石佛接待庵

烟霞洞（清修院。有象鼻石、佛手岩、石罗汉、东坡留题等）

---

① 义天：大觉国师义天是高丽王朝时期的著名高僧，出身王室，15岁封号佑世僧统，曾于宋元丰末（公元1085年）、元祐初（公元1086年）入华求法，成绩卓著，在中韩两国文化交流史上占有重要而突出的地位。他担任高丽国僧统，管理全国佛教事务数十年，独树一帜，贡献弥多，其编纂、著述惠及今人，是一位在世界文化史上具有颇大影响的人物。

归云庵（宁宗时水庵清禅师坐禅石窟中，闻南峰钟鸣，遂大悟。今改永兴庵）

关真人道院　　小龙井（井侧有龙王祠）

南高峰塔（荣国寺。有白龙王祠及五显祠。险峻甚于北峰。中有坠石，相传云：昔有道者镇魔于此。又有颖川泉）

方家峪（自方家峪至冷水峪、慈云岭泥路，嘉会门外至大慈山、龙山）：

遇真道院　　悟真道院　　崇真道院

广教院（号"小南屏"）

褒亲崇寿寺（在凤凰山。刘贵妃功德。有凤凰泉、瑞应泉、松云亭、观音洞、笔架池、偃松、交枝桧三门有陈公储画龙，甚奇。弁阳翁诗云："鹤羽鸾绡①事已空，奉华遗寺对高松。宫斜凤去无人见，且看门前粉壁龙。"奉华，刘妃阁名）

西莲瑞相院（黄贵妃功德）　地藏尼寺

慈光尼寺（张府功德）　　广慈院（旧名"广福"）

宝藏院（有乌龙井、钱武肃庙碑。改额"表忠观"，立碑，碑抬府学。今钱氏五王庙在焉。宋刻无"改额"至"府学"等十一字）

宁清广福院（陈淑妃香火院，虽小而幽邃②可喜。宋刻"宁亲"）

---

① 鸾绡：绣有鸾形图饰的绢裙。

② 幽邃：幽深。

福全尼寺　广严院（旧名"妙严"。有徐正节墓）

广恩院（宋刻无此）　净教院（蔡贵妃殡所）

安福禅院（内侍陈都知香火，名"小陈寺"）

水月寺（路口有灵因石。宋刻"因"作"固"）

崇教院（旧名"荐福"。有珍珠泉）

慈云岭（宋刻入后梯子岭下，提高一格，自为一路，误）

华津洞（赵冀王府园。水石甚奇胜，有仙人台基。宋刻"仙人恭台"）

西林法惠院（旧名"兴庆"，钱王建。有雪斋、秦少游记、东坡诗）

冷水峪　梯子岭

净明院（郊坛斋宫。有易安斋、梅岩、高孝两朝御和诗。满山皆棕榈。旧有江月庵、筇①筠亭子。宋刻"筇鸟亭"）

龙华宝乘院（本钱王瑞荨园舍建。有傅大士塔，并拍板、门槌犹存。有温公祠堂题名）

天华寺（镜清禅师道场，旧名"千春龙册"。有颐轩、妙奇楼、化生池。宋刻"妙奇"作"妙因"）

感业寺（旧名"天龙"。有木观音像）

胜相院（旧名"龙兴千佛"。有五丈观音像、二并阁、释迦丈六金身像）

大通院（旧名"显明"）

---

① 筇（qióng）：筇竹，古书上说的一种竹子。可以制手杖。

天真院（旧名"登云台"。有灵化洞）

龙华山（有石如龙，与两石龙寺接）

下石龙净胜院

上石龙永寿院（旧名"资贤"。石崖刻仁宗《佛牙赞》）

郊台（钱王郊台亦近焉）　　道林院（旧名"普济"）

大慈寺　　般若院　　宝惠院（旧名"普济"）

钱王坟（文穆、忠献二王葬此）

长庆崇福院（皇叔祖太师和王功德）

窑池（一名"乌菱池"）　　圣果寺（在包家山）

真觉院（旧名"奉庆"。有东坡《瑞香花》诗）

包家山桃花关（桃花甚盛。旧有"蒸霞"二字。春日游人甚多）

法云寺（旧名"资崇"）

大慈山（旧有"广福金书院"额）

虎跑泉（旧传性空禅师居此，无泉，二虎跑地而出。东坡诗云："虎移泉眼趁行脚，龙作浪花供抚掌。"）

乾溪寨　　小杨寺　　香严寺

小麦岭（饮马桥前后巷至龙井止，九溪十八涧。宋刻无"巷"字）：

道人山（有石洞）　　饮马桥（地名"放马场"）

旌德显庆教寺（咸淳甲戌冬，改"旌德袭庆"。慈明太后香火。方丈有轩，曰"云扉"。后山有泉石甚奇，曰"林泉"。

有清墅、凝紫、静云等诸亭）

南山禅关（又名"龙井路"。又改"南天竺"）

仰妃墓（吴越钱王妃）

梅坡园（杨郡王园，又名"总秀"）

灵隐观（宁宗朝张知宫创，御书"冲隐庵"。淳祐中，道士范善迁重建，赐名今额。今庵在观右，而观改仁寿院矣）

太清宫（宁宗时朱灵宝守固建，杨太后书《道德经》石幢①。有岁寒轩，养性、凝神二堂。后为贾贵妃功德。今改观音院）

松庵（杨郡王府）

崇报显庆院（旧名"栖真"，章綮质夫②功德。后为永王、祈王殡所。宋刻"崇报"作"崇德"）

章司徒墓（名得象，枢使綮之祖，栖真院碑可考）

翁五峰墓（名孟寅③，字宾旸）

徐典乐墓（名申，字干臣，号青山翁。宋刻"乐"作"章"）

强金紫墓（名至，字几圣。今石羊虎犹存。其子文宪公

---

① 石幢（chuáng）：古代祠庙中刻有经文、图像或题名的大石柱。有座有盖，状如塔。幢即刻着佛号（佛的名字）或经咒的幡布或石柱，如经幢、石幢。

② 章綮（jié）质夫：章綮，字质夫。建宁军浦城县（今属福建浦城）人。北宋名将、诗人。

③ 孟寅：翁孟寅，字宾旸，号五峰，钱塘（今浙江杭州）人。

渊明墓在西溪岭钦贤乡，诸子亦多祔①此。宋刻云"在西溪乡"）

陈拾遗墓（唐人，岁久莫考名字。在积庆山下）

冰壑书堂（金枢密渊，号冰壑，尝作书堂于此，因葬焉。积庆、永清二山在后，平鼎山在左，湖山在前，凡钱塘城邑江湖之胜，皆近在几席间，乃南北二峰中之最高一山也。有君子、天一二泉。理宗御书"积庆山怡颜藏书农圃"以赐。又赐功德寺名曰"积庆教忠"，后不及建而止）

赞宁塔（天圣间葬此）　　**灵石山**

薛开府墓（名居正，谥贞显）

崇因报德院（有灵石泉，又名"岁寒泉"，甚清。高宗尝临幸。院与积庆山后永清院，皆薛开府功德。此院已废，独灵石塔犹存）

净林广福院（开府杨庆祖坟庵，土人②呼为"上杨庵"。有松关、南泉、芳桂亭。姜白石与铦朴翁等三人来游，诗云："四人松下共盘桓③，笔砚花壶石上安。今日兴怀同此味，老仙留字在屏巉④。"后为演福寺，遂废）

无垢寺（旧名"无著"，乃无著禅师道场。旧在石人岭。庆元中，韩平原以寺为生坟，遂移寺于此。嘉定十一年重修。有鸦鸡岩、仙人台、清音轩。偃松下有茯苓，因名泉为"茯

---

① 祔（fù）：合葬。

② 土人：本地人。

③ 盘桓：徘徊；逗留住宿。

④ 巉（chán）颜：险峻、高耸貌。

苓泉"。后为演福寺，遂废）

崇恩演福教寺（宝祐丁巳重建。咸淳中改禅寺。德祐后复为教寺。贾贵妃殡所。周汉国端孝公主祔焉。旧山门有妙庄严域及生清净心亭、诸天阁、真如亭、罗汉阁、灵石堂）

鸡笼山　　金钟峰　　褚家坎（汉末褚盛族旧有居此者）

白莲院（相传晋肇法师讲经于此）　　凤篁岭

小水乐（福邸园）

二老亭（后改"德威"。旧在凤篁岭头。东坡、辩才往来于此，皆有诗。今移于龙井祠下）

龙井（吴赤乌中，葛稚川尝炼丹于此。在凤篁岭上，岩壑林樾幽古。石窦一泓，清澈翠寒，甘美可爱，虽久旱不涸。石上流水处，其色如丹。游者视久，水辄溢；人去即减。其深不可测。相传与江海通，有龙居之，每祷雨必应。或见小蟹、班鱼[1]、蜥蜴之类。井旁有惠济龙王祠）

陈寺丞墓（名刚中。绍兴中，以言事与张状元九成连坐，谪[2]知虔州安远县而卒，后葬凤篁岭沙盆坞）

胡侯墓（名则，知杭州。庙在墓前）

刘庵（孝宗朝刘婉容殡所。今归龙井寺）

龙井延恩衍庆寺（辩才故地。旧名"报国看经院"，后改"寿圣"，东坡书额犹存。又改"广福"，元祐以来诸贤

---

[1] 班鱼：形似河豚略小，背青色，有苍黑斑纹。

[2] 谪：封建时代把高级官吏降职并调到边远地方做官。

留题甚多，及东坡"竹石"、廉宣仲"枯木"。寺前有过溪桥，又名"归隐桥"，又名"二老桥"。寺有方圆庵、寂照阁、清献赵公闲堂、讷斋、潮音堂、涤心沼、镜清堂、冲泉、萨埵石、辩才清献东坡三贤祠、辩才塔、诸天阁。山有狮子峰。宋刻"报国"作"报恩"）

叶苔矶墓（元素，字唐卿，诗人。宋刻"元素"作"元索"）

五云山（中有真际院。岭上有天井，大旱不竭）

九溪十八涧

大麦岭：

法空寺（旧名"资庆"）　南资圣院（濮王坟）

花家山　净安院（内侍董宋臣香火）

卢园（内侍卢允升园。景物奇秀，西湖十景所谓"花港观鱼"，即此处也）

崇真宫（昔为女冠[①]。今为永净尼寺）茆家步　独角门

净严广报院（内侍董永仲功德）

隆兴庵（杨寺廨院[②]）

黄泥岭　水陆庵（杨寺廨院。后名"庆安院"）

妙心寺　水竹坞

西湖三堤路（苏公堤自南新路直至北新路口，小新堤自曲院至马塍桥）：

[①] 女冠：也称"女黄冠"、坤道、女道士。唐代女道士皆戴黄冠，因俗女子本无冠，唯女道士有冠，故名。

[②] 廨院：官署，旧时指官吏办公处的通称。

苏公堤（元祐中东坡守杭日所筑。起南迄北，横截湖面，夹道杂植花柳，中为六桥九亭。坡诗云："六桥横绝汉上，北山始与南屏通。忽惊二十五万丈，老葑①席卷②苍云空。"后守林希榜之曰"苏公堤"。章子厚诗云："天面长虹一鉴痕，直通南北两山春。"）

第一桥（港通赤山教场南来。名"映波"。宋刻无"南来"二字）

旌德观（元系定香寺旧址。宝庆间，京尹袁韶改建为观。有西湖道院，虚舟、云锦二亭。今复为定香教寺。宋刻无"教"字）

先贤堂（名"仰高"。祠许由以下共四十人，刻石作赞，具载事迹。中以宝庆初巴陵之事，谓潘闾有从秦王之嫌，遂去之，及节孝妇孙夫人以下五人，今止三十有九人焉。中有振衣、古香、清风堂。山亭流芳，花竹萦纡③，小山曲径。今归旌德，堂宇皆废）

第二桥（通赤山麦岭路。名"锁澜"）

湖山堂（旁有水阁，尤宏丽）

三贤堂（祠白乐天、林和靖、苏东坡。后有三堂，曰水西云北、月香水影、晴光雨色。后有小亭，曰虚舟，曰云梯。

---

① 葑（fēng）：芜菁的古称。即蔓菁。

② 席卷：形容尽数带走或除去。

③ 萦纡（yū）：旋绕弯曲。

宋刻"云锦"）

第三桥（通花家山。港名"望山"）

第四桥（通茆家步。港名"压堤"。北新路第三桥）

施水庵（名"圆通"。有石台笼灯，以照夜船）

雪江书堂（胡贤良优所居。宋刻"优"作"优"）

新水仙王庙（龙王祠。与葛岭者为二）

崇真道院（贾平章建。后有阁，今改为僧寺）

松窗（张濡别墅）

第五桥（通曲院港，名"东浦"。北新路第二桥）

第六桥（通耿家步港，名"跨虹"。北新路第一桥）

小新堤（淳祐中，赵京尹与筹自北新路第二桥至曲院筑堤，以通灵竺之路，中作四面堂三亭，夹岸花柳，比苏堤。或名"赵公堤"）

履泰将军庙（有天泽井、葛仙翁所植虬松[①]。将军钱塘人，姓孙，名显忠，仕吴越。时嘉熙中，赵与权尹京，祷雨有验，奏闻，因敕封天泽侯）

杨园（杨和王府）

永宁崇福院（又名小隐寺，原系内侍陈源适安园。近世所歌《菊花新》曲破之事，正系此处。现重华宫为小隐园，孝宗拨赐张贵妃。寺前有涧曰"双峰"，又曰"金沙"）

裴园（裴禧园。诚斋诗云："岸岸园亭傍水滨，裴园飞

[①] 虬（qiú）松：叶、枝盘曲的松树。

入水心横。旁人莫问游何处，只拣荷花闹处行。"）

乔园（乔幼闻园）

史园（史屏石微孙。宋刻本"石微"作"右徽"）

资国院（旧名"报国"。有东坡书"隐秀斋"，赵令時德麟跋语。宋刻"资国园"）

淳固先生墓（斌，姓宋，号庸斋，师晦庵先生）

马蝗桥

孤山路：

西陵桥（又名"西林桥"，又名"西泠桥"，又名"西村"）

孤山（旧有柏堂、竹阁、四照阁、巢居阁、林处士庐，今皆不存）

四圣延祥观（有韦太后沈香四圣像、小蓬莱阁、瀛屿堂、金沙井、六一泉。余见御园类）

西太一宫（旧四圣观园，理宗朝建。今黄庭殿，乃昔凉堂也。两壁萧照画尚存。亭馆名并见御园类。弁阳翁诗云："蕊宫广殿号黄庭，突兀浮云最上层。五福贵神留不住，水堂空照九枝灯。"有和靖墓、玛瑙坡、陈朝柏）

四面堂　　处士桥（以和靖得名）　　涵碧桥

高菊涧墓（名"九万"。葬孤山后谈家山）

断桥（又名"段家桥"。万柳如云，望如裙带。白乐天诗云："谁开湖寺西南路，草绿裙腰一道斜。"）

北山路（自丰乐楼北，沿湖至钱塘门外，入九曲路，至德胜桥南印道堂、小溜水桥、黄山桥、扫帚坞、鲍家田、青芝坞、玉泉、驼巘、栖霞岭、东山、同霍山、昭庆教场、水磨头、葛岭、九里松、灵隐寺、石人岭、西溪路止。三天竺附）：

柳洲　　龙王庙（名"会灵"。所谓"柳洲五龙王"也）

惠明院（旧名"资福"，今呼"柳洲寺"。其地旧为通元庵）

上船亭　　养鱼庄（杨郡王府）

环碧园（杨郡王府。堂匾皆御书）

迎光楼（张循王府）

刘氏园（内侍刘公正所居）

一清堂（后改"玉莲"。竞渡争标于此）

菩提院（旧名"惠严"，与昭庆寺相连。有灵感大悲像阁、绿野白莲堂、碧轩、四观轩、南漪、迎熏、澄心、涵碧、玉壶、氍毹①。今废）

玉壶御园　　　杨和王府水阁　　贾府上船亭

钱塘门上船亭　　秀邸新园

谢府园（有"一碧万顷"堂）

隐秀园（刘鄜王府）

先得楼（即古望湖楼。坡诗有"望湖楼下水连天"是也）

择胜园（秀邸。有御书"择胜""爱闲"二堂）

---

① 氍（qú）毹（shū）：毛织的地毯。古代演戏地上多铺地毯，所以又用"氍毹"代指舞台。

九曲城下　　法济院（旧名"观音院"。有明、爽二轩）

五圣庙（有苏汉臣画壁存焉）

妙因院（原系"慈光庵"）

宝严院　　真觉尼院（原系"隐静庵"）

钱氏院（华亭钱府。宋刻"院"作"园"）

新岳庙　　东湖道院

关王庙（旧满路种桃，号"半道红"）　　古北关

杨府廨宇（杨郡王府，今舍为寺）　　玉虚观

崇果院（德胜桥南。旧名"罗汉"）　　印道堂

赵郭园　　罗汉院　　史府（今为慧日寺）

水丘园　　西隐精舍　　丰乐院　　铁佛寺

梅冈御园　　张氏园　　王氏园　　小溜水桥

精进院（斋宫。旧名"精修"）　　延庆院

澄寂院（桃花衢。宋刻"同"）　　黄山桥　　扫帚坞

万花小隐（谢府园）　　常清宫（沂王功德）

聚秀园（杨府）　　鲍家田　　秀野园（谢府）

南禅资福尼寺　　极乐尼寺　　思故塔

屠墟圣昭庙（广惠侯。宋刻"墟"作"虚"，"惠"作"慧"）

资寿院（原系"大圣庵"）

明觉院（旧名"报先"。有虚心轩）

永庵（阎府）　　万安院（旧名"清化永安"）　　罗寺

慈圣院（旧名"慈云"。潘、李二贵妃殡所。有圣水池，

大旱不涸）

妙智院（旧名"报国观音院"）

玉泉净空院（泉色清澈，蓄大金鱼。有龙王祠）

西观音山　　青芝坞

愍忠资福普向院（杨和王建，专充殿前诸军功德，及为诸军瘗①所）

上关寺（内侍关少师功德。名"崇先显庆"）　竹所

杜北山墓（汝能，字叔谦，太后诸孙，居曲院，能诗有声）

天清宫（女冠）　　灵峰院（裴氏功德）

裴坟（有双节亭）　驼巘岭　　灵耀观

西峰净严院（感义郡王功德）　　大明院

圆明崇福禅院（岩阿有井泉，极清冽。内侍霍汝弼功德。宋刻"院"作"寺"）

栖霞岭　　神仙宫（有偃松，如龙，名"御爱松"）

干湿水洞（有一寺在侧）　净元观　妙明院　东山同

永安院（原系吴秦王府香火庵。有清芬亭）

不空院（旧名"传经"）

护国仁王禅院（后有龙洞，龙王祠在焉。宋刻"院"作"寺"）

西靖宫（女冠）　　宁国院　　广照院　　霍山

长庆院（旧名"华严"。庵主张王香火）　张王广惠庙

---

① 瘗（yì）：埋葬。

永庆院　　光相塔院（山水甚奇）

涌泉（高宗尝取瀹茗）

清心院（旧名"涌泉"）　　瑶池园（吕氏）

金轮梵天院（旧名"金轮寺"。后即"巾子峰"）

宝胜院（旧名"应天"）　　金牛护法院　　洞明庵

天龙庵（道者无门所居。宋刻"庵"作"洞"，"道者"下有"开"字）

云洞园（杨和王府。有万景天全、方壶云洞、潇碧天机、云锦紫翠、闲濯缨、五色云、玉玲珑、金粟洞、天砌台等处。花木皆蟠结香片，极其华洁。盛时，凡用园丁四十余人、监园使臣二名）

大昭庆寺（与前菩提寺相连。旧名"菩提寺"。有戒坛）

策选锋教场　　古柳林

钱塘县尉司（旧有平湖轩、英游阁。又有片石，周益公字之曰"奇俊"，盖相传为王子高旧居故也）

葛岭路：

水磨头　　石函桥（有水闸，泄湖水入下湖）

放生亭　　德生堂（理宗御书）　　泳飞亭（理宗御书）

总宜园（永张太尉。后归赵平远淇。今为西太一宫）

大吴园　　小吴园

水月园（绍兴中赐杨和王。孝宗拨赐嗣秀王。水月瀛、燕堂、玉林堂，皆御书）

葛岭（葛仙常往来于此，故得名。亦名"葛坞"）

兜率院

十三间楼相严院（旧名"十三间楼石佛院"。东坡守杭日，每治事于此。有冠胜轩、雨亦奇轩）

大石佛院（旧传为秦始皇缆船石。俗名"西石头"。宣和中，僧思净就石镌成大佛半身。或云"下通海眼"）

保叔塔崇寿院（咸平中，僧永保修，故得名。有应天塔、极乐庵、落星石、石狮峰又名巾子峰，及石屏风在焉。碑刻旧有《屏风院记》《封山记》《瑞峰堂》。宋刻无"瑞峰堂"。按，"堂"字下疑脱"记"字）

宝稷山　敷惠庙　多宝院（旧名"宝积"。有绿阴堂）

嘉泽庙（祠水仙王。有荐菊泉及亭）

孙花翁墓（惟信，字季蕃，隐居湖山，弃官自放，能诗，词尤工。赵节斋葬之，刘后村为志，杜清献为文以祭之）

普安院

挹秀园（杨驸马）　秀野园（刘邺王。有四并堂）

上智果院（有参寥泉，东坡题。梁广王殡所）

治平寺（有锦坞、烟云阁）

江湖伟观（即观台旧址，尽得江湖之胜）

寿星院（有寒碧轩、此君轩、观台、杯泉、平秀轩、明远堂、东坡祠及诗刻）

宝云庵（旧名"千光王寺"，邠王殡所。有宝云庵、清轩、

月窟、澄心阁、南隐堂、妙思堂、云巢,今不复存。又有灵泉井、宝云庵、初阳台,亦废)

玛瑙宝胜院(昔在孤山,后改为四圣观,遂迁于此。有中庸子陶器墓,乃法惠法师智圆自号也。有高僧阁、仆夫泉、夜讲堂。宋刻"高僧阁"作"高生阁",无"夜讲堂")

养乐园(贾平章。有光渌阁、春雨观、潇然养乐堂、嘉生堂、生意生物之府)

玉清宫(有葛仙炼丹井)　半春园(史卫王府)

小隐园(史府)

集芳御园(后赐贾平章。内有假山石洞,通出湖滨,名曰"后乐园"。有蟠翠、雪香、翠岩、倚秀、挹露、玉蕊、清胜,以上皆高宗御题,亦集芳旧物也。"西湖一曲奇勋",理宗御书。"秋壑遂初容堂",度宗御书。又有初阳精舍、簪室、熙然台、无边风月、见天地心、琳琅步归舟等不一。"倚秀"宋刻作"倚绣")

香月邻(廖莹中园,后归贾相)

嘉德永寿教寺(毛娘娘功德。有翔泳堂、芝岩堂。宋刻无"堂"字)

喜鹊寺(即禅宗院。以鸟窠禅师得名。魏婉仪殡所。白乐天有《紫杨花》诗)

宝严院(旧名"垂云"。有垂云亭、借竹轩、无量福海)

赵紫芝墓(名师秀。在宝严院后)

定业院（鸟窠禅师道场。有君子泉、石甑山、环峰堂、袭梦轩）

虎头岩（介于宝严、定业之间）

施梅川墓（名岳，字仲山，吴人，能词，精于律吕。杨守斋为寺，后树梅作亭以葬，薛梯飙为志，李笕房书，周草窗题盖）

仁寿尼庵　　招贤寺

上官良史墓（在招贤寺后。良史，字季长，号淇园）

报恩院（旧名"报先"，即孤山六一泉寺，后以其地为延祥观，遂迁于此。德国公主殡所）

广化院（旧名"永福"，自孤山迁于此。旧有白公竹阁、柏堂、水鉴堂、涵晖亭、凌云阁、金沙井、辟支佛骨塔、慧琳塔、白公祠堂。黄宜山诗云："移自孤山占此山，荒凉老屋万琅玕①。樱桃杨柳空花梦，千古清风满阁寒。"）

快活园（赵氏）

水竹院落（贾平章园。御书阁曰"文明之阁"。有秋水观、第一春、思剡亭、道院。宋刻"文明"作"奎文"）

显明院（旧名"兴福保清"。仪王仲湜殡所。有鉴空阁、绿净堂存焉）

北新路口　　栖霞岭口　　古剑关（栖霞岭下）

岳王墓（岳武穆王飞所葬，其子云亦祔焉。叶靖逸诗云：

---

① 琅玕（gān）：中国神话传说中的仙树，其实似珠。

"万古知心只老天，英雄堪恨复堪怜。如公更缓须臾死，此虏安能八十年！漠漠凝尘空偃月，堂堂遗像在凌烟。早知埋骨西湖路，学取鸱夷理钓船。"林弓寮诗云："天意只如此，将军足可伤。忠无身报主，冤有骨封王。苔雨楼墙暗，花风庙路香。沉思百年事，挥泪洒斜阳。"王修竹诗云："埋骨西湖土一丘，残阳荒草几在秋。中原望断因公死，北客犹能说旧愁。"宋刻叶诗"学取"作"悔不"）

褒忠演福院（原系"智果观音院"，后充岳鄂王香火。岳云所用铁枪犹存）

冲虚宫（旧名"宁寿庵"）　耿家步　东山同口

福寿院（旌德寺子院。有宁宗御书"桂堂"二字）

廖药洲园（有花香、竹色、心太平、相在、世彩、苏爱、君子、习说等亭。宋刻脱"苏"字）

小石板巷口　里松

一字门（唐刺史袁仁敬守杭日，植松于左右，各三行。门匾吴说书，高宗尝欲易之，自以不及，但金饰其字）

驼巘岭口　石板巷口　曲院巷口　行春桥

小行春桥　忠勇庙（统制张玘祠）　左军教场

马三宝墓（在教场内。传云：向曾欲去之，有黑蜂数百自墓中出，不可向，遂止。至元十五年六月，内有军厮名狗儿者，因樵采垦土，得一铁券，上有字云："雁门马氏葬于横冲桥"云云。后又有十字云："至元十五六，狗儿坏我屋。"盖古

人知数者耳。始知横春桥本名"横冲桥"云）

三藏塔院　明真宫（女冠。今改为三藏寺）

资德院（慕容贵妃香火）　　万寿院（南山白云宗建）

唐家同　　后涧溪　　紫芝道院（道士陈崇真建）

瑞冈坞　　燕脂岭（以土色得名）　普福教寺（芝云堂）

崇寿院　　崇亲资福院（张淑妃香火）

天申万寿圆觉教寺（旧为了义法师塔院。有归云堂、三昧正受阁，并高宗御书。累朝①临幸，有御座、御榻。理宗御书"清凉觉地"）

石狮子路　香林园　　斑衣园（韩府）

金沙涧（灵竺之水，自此东入于湖）

显慈集庆教寺（阎贵妃香火。寺匾、殿阁皆理宗御书。有月桂亭，甚佳。金碧为湖山诸寺之冠）

灵隐天竺寺门（俗呼"二寺门"。袁居中书白乐天诗："一山门作两山门，两寺元从一寺分。"正此也）

合涧桥（灵、竺二山之水，汇合于此）　　龙脊桥

武林山（又名灵隐山，又曰灵苑山，又曰仙居山。有五峰：曰飞来，曰白猿，曰稽留，曰月桂，曰莲华。山前有涧，即武林泉也）

呼猿洞

龙泓洞（有蒋之奇篆字。前后诸贤题字极多。二洞在飞

---

① 累朝：历朝，历代。

来峰）

女儿山（一名"玉女岩"）　　青灵岩

理公岩（乃灵隐开山慧理法师。在灵鹫寺后）

冷泉（有亭在泉上。"冷泉"二字，乃白乐天书；"亭"字乃东坡续书。诗匾充栋，不能悉录。林丹山诗云："一泓清可沁诗脾，冷暖年来只自知。流出西湖载歌舞，回头不似在山时。"宋刻"流出"作"流向"）

温泉、醴泉（二泉在冷泉之上）　　葛坞　　朱墅

候仙山（宋刻"候山亭"）　　錾雷亭

观风亭（又有虚白、见山、袁君、紫薇、翠微、石桥、月桂等亭，及丹灶①，隐居、许迈、思真三堂，连岩栈、伏龙溅等，今皆废）

景德灵隐禅寺（相传"灵隐禅寺"乃葛仙书，或云宋之问书。景德中，续加"景德"二字。有百尺弥勒阁、莲峰堂。方丈曰直指堂。千佛殿、延宾水阁、望海阁。理宗御书"觉皇宝殿妙庄严域"。又有巢云亭、见山堂、白云庵、松源庵、东庵等，在山后，尤幽寂②可喜）

北高峰塔（在灵隐寺山后绝顶，比南高峰尤高，上有五显祠，远近炷香，四时不绝）

法安院（旧名"广严"。唐韬光禅师筑庵于院后，有清献、

---

① 丹灶：炼丹用的炉灶。
② 幽寂：幽静。

东坡题名）

保宁院（旧名"保安无量寿"）

资圣院（旧名"大明"。开山咸泽禅师）

韬光庵（韬光禅师道场。与乐天同时。周伯弸①有诗，前后诸贤留题甚多。旧有僧尝于此降仙，请至释子兰以下十人，凡七士、三释，皆唐人能诗者，各书一诗，语极奇绝，曲尽其景。今诗尚存壁间）

永福寺（隆国黄夫人功德，咸淳九年建，在灵隐西石笋山下）

石笋普圆院（天福二年，黄氏重修。旧名"资严"，山有石如笋，高数十丈，故名"石笋寺"。有超然台，金沙、白沙二泉，邠公庵。杭守祖无择爱此山之胜，结庵于此，取公所封名之。方丈左右金漆板屏，皆赵清献诸贤苏、秦、黄、陈留题，及文与可竹数枝，如张总得父子、吴傅朋等题字甚多，岁久暗淡，犹隐隐可见。寺极清古幽邃，为湖山诸刹之冠。后隆国黄夫人以超然台为葬地，遂移此院于山之西，而古意不复存矣）

天圣灵鹫院（僧德贤建。宋刻"灵寿"）　　铁舌庵

隆亲永福院（温国成夫人香火。今废）

时思荐福寺（吴益王坟寺。旧以下竺为坟寺，后以古刹，遂别建于此。高宗尝临幸。吴太皇手书《金刚经》，有杨太

---

① 周伯弸（jiàng）：宋诗人。

后《跋》，及高宗御书《心经》，并刻石藏下竺灵山塔下。益王神道碑，蒋灿书，字甚佳。墓前二石马，琢刻如生，旧传夜辄驰骤，其鞦辔光莹如玉，至今苔藓不侵。寺有宜对亭、通云亭、双珠亭、万玉轩、雨华堂。湖山至此极幽邃矣。宋刻无"通云亭""雨华堂"）

黄妃墓（钱王妃）　　卓笔峰

明惠尼院（旧名"定惠"。钱王孙妃香火）

石人岭　　海峰庵

无著禅师塔（旧有无垢院，韩平原以为寿地，迁院于灵石山侧。后杨郡王复取为寿地，遂启其塔，乃陶龛，容色如生，发垂至肩，指爪皆绕身，舍利无数，留三日不坏，竟荼毗之。僧肇淮海有诗云："一定空山五百年，不须惆怅启颓砖。路旁多少麒麟冢，转眼无人赠纸钱。"今地为永福所有。宋刻"肩"作"眉"）

西溪路：

毕宫师墓（毕再遇之父子皆葬于此）

三天竺（自灵鹫至上竺郎当岭止）：

陈明大王庙（汉灵帝熹平余杭令陈浑，后唐明宗长兴中封太平灵卫王）

灵鹫兴圣寺（惠理法师卓锡之地。吴越王建有灵山海会阁，理宗御书。理公岩、滴翠轩、九品观、东坡祠、东坡题名）

隋观法师塔（下竺。开山祖师真观）

下天竺灵山教寺（在隋号"南天竺"，五代时号"五百罗汉院"，祥符初号"灵山寺"，天禧复名"天竺寺"，绍兴改赐"天竺时思荐福"，为吴秦王香火。庆元复今额，有御书。阁藏仁宗及中兴五朝御书。曲水亭、前塔、跳珠泉、枕流亭、适安亭、清晖亭、九品观堂石、面灵桃石、莲华水波石、悟侍者塔并祠、草堂、西岭、卧龙石、石门洞、神尼舍利塔、日观庵。方丈曰"佛国"，"法堂"二字乃云房钟离权①书，甚奇古。金光明三昧堂、神御殿、瑞光塔、普贤殿、无量寿阁、回轩亭、七叶堂、客儿亭、大悲泉、重荣桧、葛仙丹井、白少傅烹茶井、石梁、翻经台、望海阁、香林亭、香林洞、无根藤、斗鸡岩、夜讲台、登啸亭、灵山后塔、慈云忏主榻、七宝普贤阁、旃檀②观音瑞像，有记。大抵灵竺之胜，周回③数十里，岩壑④尤美，实聚于下天竺寺。自飞来峰转至寺后，诸岩洞皆嵌空玲珑，莹滑清润，如虬龙瑞凤，如层华吐萼，如皱谷叠浪，穿幽透深，不可名貌。林木皆自岩骨⑤拔起，不土而生。传言兹岩韫玉⑥，故腴润若此。石间波纹水迹，

---

① 钟离权：汉钟离。姓钟离，东汉、魏晋时期人物，中国民间及道教传说中的神仙。天下道教主流全真道祖师，名权，字云房，一字寂道，号正阳子，又号和谷子，汉咸阳人。因为原型为东汉大将，故又被称作汉钟离。

② 旃（zhān）檀：古书上指檀香。

③ 周回：周围。

④ 岩壑：山峦溪谷。

⑤ 岩骨：指山石、岩石。

⑥ 韫（yùn）玉：藏玉。

亦不知何时有之。其间唐宋游人题名，不可殚纪[1]，览者顾景兴怀云。"方丈曰'佛国'"下宋刻有"山"字，"夜讲台"作"堂"）

吴越孝献世子墓（文穆王子）

枫木坞（宋刻"枫林"）

永清寺（薛开府居正香火）

中天竺天宁万寿永祚禅寺（隋开皇千岁宝掌和尚开山建寺。吴越时名"崇寿院"，政和中改赐今名。有摩利支天像、华严阁、如意泉）

弥兴福教院（皇子兖、邠二王殡所）

显亲多福院（旧名"光福"）

大明寺（原系"兴国庵"）

上天竺灵感观音院（天福中建，名"天竺看经院"。咸平初赐今名。淳祐中，赐"广大灵感观音教寺"。旧寺额蔡襄书，后理宗易[2]以御书。外山门乃蔡京书。绍兴、乾道、淳熙皆尝临幸。有十六观堂、应真阁、超诸有海，理宗御书。有云汉之阁，藏累朝所赐御书。两峰堂、白云堂、中印堂、清华轩、延桂阁、秋芳阁、伴云阁。前后赐珠冠、玉炉[3]、珍玩甚多。每水旱[4]，朝廷必祷焉。外古迹有肃仪亭、梅峰庵、崇老桥、

---

[1] 不可殚纪：不能详尽地记述。

[2] 易：改变；变换。

[3] 玉炉：炼丹炉。

[4] 水旱：水涝与干旱。

金佛桥、复庵、流虹洞、梦泉、植杖亭、谢履亭、凝翠泉、观音泉、云液池、孙公亭、无竭泉。宋刻"崇老"作"琮老")

双桧峰　　白云峰　　乳窦峰　　杨梅岭　　郎当岭

卷六

诸市

药市[1]（炭桥）　　花市（官巷）

珠子市（融和坊南官巷）

米市（北关外黑桥头。宋刻"北关门外"）

肉市（大瓦修义坊）

菜市（新门东青门霸子头。宋刻"新门外"）

鲜鱼行（候潮门外）

鱼行（北关外水冰桥。宋刻"北关门外"）

南猪行（候潮门外）　　北猪行（打猪巷）

布市（便门外横河头。宋刻"布行"）

蟹行（新门外南土门）

花团[2]（官巷口钱塘门内）

青果团（候潮门内泥路）

柑子团（后市街）　　鲞团[3]（便门外浑水闸）

书房[4]（橘园亭）

---

[1] 市：交易的市场。

[2] 花团：花市。卖花的市场。

[3] 鲞（xiǎng）团：卖鲞的市场。鲞，本义为剖开晾干的鱼，后泛指成片的腌腊食品。

[4] 书房：书市。卖书的市场。

瓦子① 勾栏②

（城内隶③修内司，城外隶殿前司）

南瓦（清冷桥熙春楼）　　中瓦（三元楼）

大瓦（三桥街。亦名"上瓦"）

北瓦（众安桥。亦名"下瓦"）

蒲桥瓦（亦名"东瓦"）　便门瓦（便门外）

候潮门瓦（候潮门外）

小堰门瓦（小堰门前。宋刻"门外"）

新门瓦（亦名"四通馆瓦"）

荐桥门瓦（荐桥门前。宋刻"门外"）

菜市门瓦（菜市门外）　　钱湖门瓦（省马院前）

赤山瓦（后军寨前）　　行春桥瓦

北郭瓦（又名"大通店"）

米市桥瓦　旧瓦（石板头）　嘉会门瓦（嘉会门外）

北关门瓦（又名新瓦）　艮山门瓦（艮山门外）

羊坊桥瓦　王家桥瓦　龙山瓦

如北瓦、羊棚楼等，谓之"游棚"（宋刻"邀棚"）。外又有勾栏甚多，北瓦内勾栏十三座，最盛。或有路歧④，

---

① 瓦子：瓦市。宋、元时都市中娱乐和买卖杂货的集中场所。

② 勾栏：一些大城市固定的娱乐场所，也是宋元戏曲在城市中的主要表演场所，相当于现在的戏院。

③ 隶：隶属。

④ 路歧：歧路；岔道。

不入勾栏，只在耍闹宽阔之处（宋刻"耍"作"要"）做场者，谓之"打野呵"，此又艺之次者。

酒楼

和乐楼（升旸官南库）

和丰楼（武林园南上库。宋刻无"南"字）

中和楼（银瓮子中库）　春风楼（北库）　太和楼（东库）

西楼（金文西库。宋刻"金文库"）　　太平楼

丰乐楼　　南外库　　北外库　　西溪库

以上并官库，属户部点检所，每库设官妓数十人，各有金银酒器千两，以供饮客之用。每库有祗直[①]者数人，名曰"下番"。饮客登楼，则以名牌点唤侑樽[②]，谓之"点花牌"。元夕，诸妓皆并番互移他库。夜卖各戴杏花冠儿，危坐花架。然名娼皆深藏邃阁[③]，未易招呼。凡肴核[④]杯盘，亦各随意携至库中，初无庖人[⑤]。官中趁课[⑥]，初不藉此，聊以粉饰太平耳。往往皆学舍士夫所据，外人未易登也。

熙春楼　　三元楼　　五间楼　　赏心楼

严　厨　　花月楼　　银马勺　　康沈店

[①] 祗直：宋时对值班人员的称呼。

[②] 侑（yòu）樽：侑尊。助饮兴，劝酒。

[③] 邃阁：深幽的楼阁。

[④] 肴核：肉类和果类食品。

[⑤] 庖人：厨师。

[⑥] 趁课：征收赋税。

翁　厨　　　任　厨　　　陈　厨　　　周　厨

巧　张　　　日新楼　　　沈　厨

郑　厨（只卖好食，虽海鲜头羹皆有之）

虼蝲眼（只卖好酒）

张　花

以上皆市楼之表表者①。每楼各分小阁十余，酒器悉用银，以竞华侈②。每处各有私名妓数十辈，皆时妆袨服③，巧笑争妍。夏月茉莉盈头，春满绮陌④。凭槛招邀，谓之"卖客"。又有小鬟，不呼自至，歌吟强聒⑤，以求支分⑥，谓之"擦坐"。又有吹箫、弹阮⑦、息气、锣板、歌唱、散耍等人，谓之"赶趁⑧"。及有老妪，以小炉炷香为供者，谓之"香婆"。有以法制青皮、杏仁、半夏、缩砂、豆蔻、小蜡茶、香药、韵姜、砌香、橄榄、薄荷，至酒阁分俵⑨得钱，谓之"撒暂⑩"。又有卖玉面狸、鹿肉、糟决明⑪、糟蟹、糟羊蹄、酒

---

① 表表者：相当于今佼佼者。
② 以竞华侈：来比豪华奢侈。
③ 时妆袨（xuàn）服：流行的装扮和艳服。
④ 绮陌：繁华的街道。亦指风景美丽的郊野道路。
⑤ 强（qiǎng）聒（guō）：唠叨不休。
⑥ 支分：支付；付给财物。
⑦ 弹阮：阮，一种汉族传统乐器，因为阮咸擅长演奏而得名。
⑧ 赶趁：抓住机会，赶去做生意。
⑨ 俵（biào）：散发，分给。
⑩ 撒暂：宋代小贩在酒楼向顾客逐一分送货品，然后收钱的一种兜售方法。
⑪ 糟决明：糟制的鲍鱼肉。

蛤蜊、柔鱼①、虾蕺、鲝干②者，谓之"家风"。又有卖酒浸江珧、章举蛎肉③、龟脚④、锁管⑤、蜜丁、脆螺、鲎⑥酱、法虾、子鱼、鯯鱼⑦诸海味者，谓之"醒酒口味"。凡下酒羹汤，任意索唤，虽十客各欲一味，亦自不妨。过卖⑧、铛头⑨，记忆数十百品，不劳再四传喝。如流便即制造供应，不许少有违误⑩。酒未至，则先设看菜⑪数碟；及举杯，则又换细菜，如此屡易，愈出愈奇，极意奉承。或少忤⑫客意，及食次少迟，则主人随逐去之。歌管欢笑之声，每夕达旦，往往与朝天车马相接。虽风雨暑雪，不少减也。

---

① 柔鱼：躯干部细长的鱿鱼。

② 鲝（zhàn）干：鲝鱼干。

③ 章举蛎肉：章鱼肉和牡蛎肉。

④ 龟脚：俗名佛手贝、石蚰（jié）、龟足、狗爪螺、鸡冠贝、鸡足、鸡脚、观音掌。节肢动物甲壳纲胸目有柄亚目铠茗荷儿科生物。它们的头部有几丁质的壳状物，还有一个软体的柄，特别像一把火炬或者像乌龟的脚，故有龟足之称。

⑤ 锁管：小鱿鱼的别称。

⑥ 鲎（hòu）：节肢动物，头胸部的甲壳略呈马蹄形，腹部的甲壳呈六角形，尾部呈剑状，生活在浅海中。俗称鲎鱼。

⑦ 鯯（zhì）鱼：何鱼不详。

⑧ 过卖：旧称饭馆、茶馆、酒店中的店员。

⑨ 铛头：厨师。

⑩ 违误：违反和延误。

⑪ 看菜：供陈设的菜肴。

⑫ 忤（wǔ）：不顺从。

歌馆

平康诸坊①，如上下抱剑营、漆器墙、沙皮巷、清河坊、融和坊、新街、太平坊、巾子巷、狮子巷、后市街、荐桥，皆群花②所聚之地。外此诸处茶肆，清乐茶坊、八仙茶坊、珠子茶坊、潘家茶坊、连三茶坊、连二茶坊，及金波桥等两河以至瓦市，各有等差，莫不靓妆迎门，争妍卖笑，朝歌暮弦，摇荡心目。凡初登门，则有提瓶献茗者，虽杯茶亦犒数千，谓之"点花茶"。登楼甫饮一杯，则先与数贯，谓之"支酒"。然后呼唤提卖，随意置宴。赶趁、祇应、扑卖者亦皆纷至，浮费③颇多。或欲更招他妓，则虽对街，亦呼肩舆④而至，谓之"过街轿"。前辈如赛观音、孟家蝉、吴怜儿等甚多，皆以色艺冠一时，家甚华侈。近世目击者，惟唐安安最号富盛，凡酒器、沙锣、冰盆、火箱、妆盒之类，悉以金银为之。帐幔茵褥，多用绵绮。器玩珍奇，它物称是。下此虽力不逮⑤者，亦竞鲜华，盖自酒器、首饰、被卧、衣服之属，各有赁者。故凡佳客之至，则供具为之一新，非习于游者不察也。

赁物

花檐　酒担　首饰　衣服

---

① 平康诸坊：妓女所居的泛称。唐长安丹凤街有平康坊，为妓女聚居之地。

② 群花：这里指妓女。

③ 浮费：不必要的开支。

④ 肩舆：轿子。

⑤ 不逮：达不到。

被卧	轿子	布囊	酒器
帏设	动用	盘盒	丧具

凡吉凶之事，自有所谓"茶酒厨子"，专任饮食请客宴席之事。凡合用之物，一切赁至，不劳余力。虽广席盛设，亦可咄嗟①办也。

作坊

熟药圆散	生药饮片②	麸面	团子
馒头	爊③炕鹅鸭	爊炕猪羊	糖蜜枣儿
诸般糖	金桔团	灌肺	馓子
萁豆	印马④	蚊烟	

都民骄惰⑤，凡买卖之物，多与（宋刻"于"）作坊行贩已成之物，转求什一之利。或有贫而愿者，凡货物盘架之类，一切取办于作坊，至晚始以所值偿之。虽无分文之储，亦可糊口。此亦风俗之美也。

骄民

都民素骄，非惟风俗所致，盖生长辇下，势使之然。若

---

① 咄（duō）嗟（jiē）：霎时。

② 饮片：中药根据需要，经过炮制处理而形成的供配方用的中药，或可直接用于中医临床的中药。

③ 爊（āo）：放在微火上煨熟。

④ 印马：似指印卖年画。

⑤ 骄惰：骄纵怠惰。

住屋则动蠲①公私房赁，或终岁不偿一镮②。诸务税息，亦多蠲放，有连年不收一孔③者，皆朝廷自行抱认④。诸项窠名⑤，恩赏则有黄榜钱，雪降则有雪寒钱，久雨久晴则又有赈恤⑥钱米，大家富室则又随时有所资给⑦，大官拜命则有所谓抢节钱，病者则有施药局，童幼不能自育者则有慈幼局，贫而无依者则有养济院，死而无殓者则有漏泽园⑧。民生何其幸欤。

游手

浩穰之区，人物盛伙⑨，游手奸黠⑩，实繁有徒。有所谓美人局（以娼优为姬妾，诱引少年为事）、柜坊赌局（以博戏、关扑结党手法骗钱）、水功德局（以求官、觅举、恩泽、迁转、讼事、交易等为名，假借声势，脱漏财物），不一而足。又有卖买物货，以伪易真，至以纸为衣，铜铅为金银，土木为

---

① 蠲（juān）：免除。
② 镮（huán）：铜钱。
③ 孔：铜钱。
④ 抱认：犹承担。
⑤ 窠名：款目；条项。
⑥ 赈恤：赈济抚恤。
⑦ 资给：资助，供给。
⑧ 漏泽园：古时官设的丛葬地。凡无主尸骨及家贫无葬地者，由官家丛葬，称其地为"漏泽园"。
⑨ 伙：多。
⑩ 奸黠：奸猾。

香药，变换如神，谓之"白日贼"。若阛阓[1]之地，则有剪脱衣囊环佩者，谓之"觅贴儿"。其他穿窬[2]胠箧[3]，各有称首。以至顽徒如"拦街虎""九条龙"之徒，尤为市井之害。故尹京政先弹压，必得精悍钩距[4]、长于才术者乃可。都辖一房，有都辖使臣总辖供申院长，以至厢巡地分头项火下，凡数千人，专以缉捕为职。其间雄奘[5]有声者，往往皆出群盗。而内司又有海巡八厢以察之。

市食

鹌鹑馉饳儿[6]	肝脏餩子	香药灌肺	灌　肠
猪胰胡饼	羊脂韭饼	窝丝姜豉	划　子
蝌蚪细粉	玲珑双条	七色烧饼	杂　炸
金铤裹蒸	市罗角儿（宋刻"儿"）		
宽焦薄脆	糕　糜	旋炙耙儿[7]	
八馅鹅鸭（宋刻"八糙"）		炙鸡鸭	熬　肝
罐里熬	熬鳗鳝	熬团鱼	煎白肠
水晶脍	煎鸭子	脏驼儿	焦蒸饼

---

[1] 阛（huán）阓（huì）：繁华的街市。

[2] 穿窬（yú）：穿壁逾墙，指偷盗行为。

[3] 胠（qū）箧（qiè）：撬开箱箧，后亦用为盗窃的代称。

[4] 钩距：古代的一种兵器。

[5] 雄奘（zǎng）：谓勇武壮健。

[6] 鹌鹑馉（gǔ）饳（duò）儿：古代一种面食，因其形似鹌鹑，故称。

[7] 旋炙耙（bā）儿：烤肉，干肉。

海蜇鲊	姜虾米	辣齑粉	糖叶子
豆团	麻团	螺头	膘皮
辣菜饼	炒螃蟹	肉葱齑	羊血
鹿肉犯子			

果子：

皂儿膏	宜利少	瓜蒌煎	鲍螺
裹蜜	糖丝线	泽州饧	蜜麻酥
炒团	澄沙团子	十般糖	甘露饼
玉屑糕（宋刻"膏"）		熬木瓜	糖脆梅
破核儿	查条	桔红膏	荔枝膏
蜜姜豉	韵姜糖	花花糖	二色灌香藕
糖豌豆	芽豆	栗黄	乌李
酪面	蓼花	蜜弹弹	望口消
桃穰酥	重剂	蜜枣儿	天花饼
乌梅糖	玉柱糖	乳糖狮儿	薄苛蜜
琥珀蜜	饧角儿	诸色糖蜜煎	

菜蔬：

姜油多	蕹花茄儿	辣瓜儿	倭菜
藕鲊	冬瓜鲊	笋鲊	茭白鲊
皮酱	糟琼枝	莼菜笋	糟黄芽
糟瓜齑	淡盐齑	鲊菜	醋姜
芝麻辣菜	拌生菜	诸般糟淹	盐芥

粥：

七宝素粥	五味粥	粟米粥	糖豆粥
糖　粥	糕粥	馓子粥	绿豆粥
肉盦饭			

犯鲊：

算　条	界方条	线　条	鱼肉影戏
胡羊犯	削　脯	槌　脯	松　脯
兔　犯	獐犯鹿脯	糟猪头	干咸豉
皂角铤	腊　肉	炙骨头	旋炙荷包
荔枝皮	鹅　鲊	荷包旋鲊	三和鲊
切　鲊	骨　鲊	桃花鲊	雪团鲊
玉板鲊	鲟鳇鲊	春子鲊	黄雀鲊
银鱼鲊	鹹　鲊		

凉水：

甘豆汤	椰子酒	豆儿水	鹿梨浆
卤梅水	姜蜜水	木瓜汁	茶　水
沉香水	荔枝膏水	苦　水	金桔团
雪泡缩皮饮（宋刻"缩脾"）		梅花酒	
香薷饮	五苓大顺散	紫苏饮	

糕：

| 糖糕 | 蜜糕 | 栗糕 | 粟糕 |
| 麦糕 | 豆糕 | 花糕 | 糍糕 |

雪　糕　　　小甑糕　　　蒸糖糕　　　生糖糕
蜂糖糕　　　线　糕　　　间炊糕
干糕（宋刻"糕干"）　　　乳　糕
社　糕　　　重阳糕

蒸作从食[①]：

子母茧　　　春　茧　　　大包子　　　荷叶饼
芙蓉饼　　　寿带龟　　　子母龟　　　欢　喜
捻　尖　　　剪　花　　　小蒸作　　　骆驼蹄
大学馒头　　羊肉馒头　　细　馅　　　糖　馅
豆沙馅　　　蜜辣馅　　　生　馅　　　饭　馅
酸　馅　　　笋肉馅　　　麸蕈馅　　　枣栗馅
薄　皮　　　蟹　黄　　　灌　浆　　　卧　炉
鹅　项　　　枣　餾　　　仙　桃　　　乳　饼
菜　饼　　　秤锤蒸饼　　睡蒸饼　　　千　层
鸡头篮儿　　鹅　弹　　　月　饼　　　馉　子
炙　焦　　　肉油酥　　　烧　饼　　　火　棒
小蜜食　　　金花饼　　　市　罗　　　蜜　剂
饼　馂　　　春　饼　　　胡　饼　　　韭　饼
诸色馂子　　诸色包子　　诸色角儿　　诸色果食
诸色从食

---

① 从食：小食、点心等食品。

诸色酒名

蔷薇露	流香（并御库①）
宣赐碧香	思堂春（三省激赏库）
凤泉（殿司）	玉练槌（祠祭）
有美堂　　中和堂	雪醅　　　真珠泉
皇都春（出卖）	常　酒（出卖）
和　酒（出卖并京酝）	皇华堂（浙西仓）
爱咨堂（浙东仓）	琼花露（扬州）
六客堂（湖州）	齐云清露
双瑞（并苏州）	爱山堂
得江（并东总）	留都春
静治堂（并江闽）	十洲春
玉　醅（并海闽）	海岳春（西总）
筹思堂（江东漕）	清若空（秀州）
蓬莱春（越州）	第一江山　　北府兵厨
锦波春	浮玉春（并镇江）
秦淮春	银光（并建康）
清心堂　　丰和春	蒙　泉（并温州）
萧洒泉（严州）	
金斗泉（常州）　　思政堂	龟峰（并衢州）

---

① 并御库：蔷薇露、流香这两种酒都出自御库。

错认水①（婺州）　　谷溪春（兰溪）　　庆远堂（秀邸）

清白堂（杨府）　　蓝桥风月（吴府）

紫金泉（杨郡王府）　　庆华堂（杨驸马府）

元勋堂（张府）　　眉寿堂

万象皆春（并荣邸）　　济美堂

胜　茶（并谢府）

点检所酒息，日课以数十万计，而诸司邸第及诸州供送之酒不与焉。盖人物浩繁，饮之者众故也。

小经纪②

（他处所无者）

班朝录③　　供朝报④　　选官图⑤　　诸色科名⑥

开先牌⑦　　写牌额　　裁板尺　　诸色指挥

织经带　　棋子棋盘　　蒱⑧牌骰子（宋刻"蒲捭"）

交床试篮　　卖字本　　掌记册儿　　诸般簿子

诸色经文　　刀册儿　　纸画儿　　扇牌儿

---

① 错认水：容易误认为水。

② 小经纪：小本经营。包括摊贩、小手工业和服务性行业。

③ 班朝录：记载朝中官员职位、姓名的册子。

④ 供朝报：出售朝报。朝报，一种以简讯形式报道帝王日常动态和官员升降任免的公开的传播载体朝报，是一种更接近于现代大众传媒的封建官报。

⑤ 选官图：升官图。

⑥ 科名：科举考中而取得的功名。

⑦ 开先牌：记载佛寺名录的簿册。开先，僧舍之名。

⑧ 蒱（pú）：古代玩类似掷色子之类的游戏。

印色盝	剪 字	缠 令①	耍 令②
琴阮弦	开 笛	靘③笙	鞔 鼓④
口 簧	位 牌	诸般盝儿	屋头挂屏
剪镞花样	檐前乐	见成皮鞋	提灯靛灯
头须编掠	香橼络儿	香橼坐子	拄 杖
粘 竿	风 幡	钓 钩	钓 竿
食 罩	吊 挂	拂 子	蒲 坐
椅 褥	药 焙	烘 篮	风 袋
烟 帚	糊 刷	鞋 楦	桶 钵
搭罗儿	姜擦子	帽 儿	鞋 带
修皮鞋	穿交椅	穿罣罳⑤	鞋结底
穿 珠	领 抹	钗 朵	牙 梳
洗 翠	修冠子	小梳儿	染梳儿
接补梳儿	香袋儿	面花儿	绢孩儿
符袋儿	画眉七香丸	胶 纸	稳步膏
手皴⑥药	凉 药	香 药	膏 药

---

① 缠令：宋代民间说唱艺术的一种曲调。这里指缠令唱本。

② 耍令：唐宋时一种说唱或兼伴舞的民间伎艺。这里指耍令唱本。

③ 靘（qìng）：有装饰之意。

④ 鞔（mán）鼓：张革蒙鼓。把皮革绷紧，固定在鼓框上，做成鼓面。

⑤ 罣（guà）罳（sī）：一种绢底竹框的筛箩。南宋时临安有专门穿罣罳的手艺人。

⑥ 皴（cūn）：（皮肤）因受冻而裂开。

发垛儿	头 髢①（宋刻"发"）		磨 镜
弩 儿	弩 弦	弹 弓	箭 翎
射 帖	壶 筹	鹁鸽铃	风 筝
药 线	象 棋	鞬 子②	斗 叶
香炉灰	纸刷儿	笸子剔	剪截段尺
出洗衣服	簌头消息	提茶瓶	鼓炉钉铰
钉看窗	札熨斗	供香饼	使 绵
打炭墼	补锅子	泥 灶	整 漏
箍 桶	襻膊儿③	竹猫儿	消息子
老鼠药	蚊 烟	闹蛾儿	凉筒儿
纽扣子	接 绦	修扇子	钱 索
麻 索	红索儿	席 草	鸡 笼
修竹作	使法油	油 纸	油 单
毡坐子	修砧头	磨 刀	磨剪子
棒 槌	舂 米	劈 柴	

擂槌（俗谚云："杭州人一日吃三十丈木头。"以三十万家为率④，大约每十家日吃擂槌一分，合而计之，则三十丈矣）

　　淘井　　猫窝　　猫鱼　　卖猫儿

---

① 髢（bì）：假发。

② 鞬（jiān）子：马上盛弓箭的器具。

③ 襻（pàn）膊儿：宋代的一种挂在颈项间，用来搂起衣袖方便操作的工具。

④ 率：比例。

改猫犬	鸡食	鱼食	虫蚁食
诸般虫蚁	鱼儿活	蝌蚪儿	促织儿①
小螃蟹	金麻	马蚻儿②	蜘蟟③
虫蚁笼	促织盆	麻花子	荷叶
灯草	发烛	肥皂团	茶花子
买瓶掇	旧铺衬	圪伯纸	竹钉
淘灰土	淘河	剔拨叉	黄牛粪灰
挑疥虫④	卖烟火	镟影戏	

若夫儿戏之物，名件甚多，尤不可悉数，如相银杏、猜糖、吹叫儿、打娇惜、千千车、轮盘儿。每一事率数十人，各专藉以为衣食之地，皆他处之所无也。

诸色伎艺人

御前应制：

姜梅山（特立观察使）　　周葵窗（端臣）

曹松山（原）　　　　　　陈藏一（郁）

徐良　　陈爱山　　程奎　　耿待聘

御前画院：

马和之　　苏汉臣　　李安中　　陈善

---

① 促织儿：蟋蟀。

② 马蚻（zhá）儿：古书上说的一种像蝉而较小的鸣虫。

③ 蜘蟟（liáo）：知了，蝉。

④ 疥虫：又称疥螨。它是一种肉眼看不到的微小虫子，近似圆形或椭圆形，背面隆起呈乳白色。

林　春　　　吴　炳　　　夏　圭　　　李　迪

马　远　　　马　璘（按，宋廷佐刻本止此）

萧　照（宋刻佚）

棋待诏①（此后从陈氏宝颜堂秘笈本参校）：

郑日新（越童）　　　吴俊臣（安吉吴）

施　茂（施猢狲）　　朱　镇　　　　童　先（陈刻章先）

杜　黄（象②）　　　徐　彬（象）　林　茂（象）

礼　重（象）　　　　尚　端（象）

沈姑姑（象。女流）金四官人（象）

上官大夫（象）　　　王安哥（象）　李黑子（象）

书会③：

李霜涯（作赚绝伦）李大官人（弹词）

叶　庚　　　　　周竹窗　　　　平江周二郎（猢狲）

贾廿二郎

---

① 待诏：等待诏命。汉代以才技征召士人，使随时听候皇帝的诏令，谓之待诏，其特别优异者待诏金马门，以备顾问。唐初，置翰林院，凡文辞经学之士及医卜等有专长者，均待诏值日于翰林院，给以粮米，使待诏命，有画待诏、医待诏等。宋、元时期尊称手艺工人为待诏，即由于此。唐玄宗时遂以名官，称翰林待诏，掌批答四方表疏，文章应制等事。宋有翰林待诏，掌写书诏。

② 象：象棋待诏。前面几人为围棋待诏。

③ 书会：宋元间说话人、戏曲作者与艺人的行会组织。多设立于杭州、大都（今北京市）等大城市，如古杭书会等。参加书会的作者称为才人。

演史[1]：

乔万卷　　许贡士　　张解元　　周八官人

檀溪子　　陈进士　　陈一飞　　陈三官人

林宣教　　徐宣教　　李郎中　　武书生

刘进士　　巩八官人　徐继先　　穆书生

戴书生　　王贡士　　陆进士

丘几山（陈刻"机山"）　张小娘子　　宋小娘子

陈小娘子

说经[2] 诨经[3]（陈刻无"诨经"二字）：

长啸和尚　　彭道（名法和）　　陆妙慧（女流）

余信庵　　周太辩（和尚。陈刻"春辩"）

陆妙静（女流）达　理（和尚）　　啸　庵

隐　秀　　　混　俗　　　　　许安然

有　缘（和尚）借　庵　　　　保　庵

戴悦庵　　　息　庵　　　　　戴忻庵

小说：

蔡　和　　　李公佐　　张小四郎（陈刻"小张"）

朱　修（德寿宫）　　孙　奇（德寿宫）

任　辩（御前）　　　施　珪（御前）

叶　茂（御前）　　　方　瑞（御前。陈刻"方端"）

---

[1] 演史：以评书、小说等形式讲述史事。

[2] 说经：指的是宋代与佛经有关的说唱文艺。

[3] 诨经：诙谐地讲说佛经故事。

刘　和（御前）　　　　王　辩（铁衣亲兵）

盛　显　　王　琦　　陈良辅　　王班直（洪）

翟四郎（升）　　　　粥张二　　许　济

张黑剔（陈刻"踢"）　俞住庵　　色头陈彬

秦州张显（陈刻"泰州"）

酒李一郎　　　　　　乔　宜（陈刻"乔宣"）

王四郎（明）　　　　王十郎（国林）

王六郎（师古①）　　胡十五郎（彬）

故衣毛三　　仓张三　枣儿徐荣

徐保义　　　汪保义

张　拍（陈刻"柏"）　张　训　　沈　佺

沈　喝　　湖水周　　熬肝朱　　掇条张茂

王三教　　徐　茂（象牙孩儿）　王主管

翁　彦　　嵇　元　　陈可庵　　林　茂

夏　达　　明　东　　王　寿　　白思义

史惠英（女流）

影戏：

贾　震　　贾　雄　　尚保义

三　贾（贾伟、贾仪、贾佑）

三　伏（伏大、伏二、伏三）

沈　显　　陈　松　　马　俊　　马　进

---

① 师古：效法古代。

王三郎（升）朱 祐　　　蔡 谘　　　张 七

周 端　　　郭 真　　　李二娘（队戏）

王润卿（女流。陈刻"王润兴"）　　　黑妈妈

唱赚①：

濮三郎　　扇李二郎　　郭四郎　　孙 端

叶 端　　　牛 端　　　华 琳　　　黄文质

盛二郎　　顾 和（蜡烛）马 升　　　熊 春

梅 四　　　汪 六　　　沈 二　　　王 六

许曾三　　邵 六（伟）　小王三　　媳妇徐

沈 七　　　谢一珪

小唱②：

萧婆婆（韩太师府）　　　贺 寿　　　陈尾犯

画鱼周　　陆恩显（都管。陈刻"思显"）

笙 张　　　周颐斋（执礼）

忤都事（陈刻"忤"作"件"）　　　　丁 八

丁未年拨入勾栏弟子嘌唱③**赚色**④：

施二娘　　时春春　　时佳佳（陈刻"住住"）

何总怜　　童 二　　严偏头

向大鼻（陈刻"向"作"白"）　　　　葛 四

---

① 唱赚：宋代的一种说唱艺术。演唱兼具诸家腔谱的"赚"曲。

② 小唱：乐曲体裁之一，由管乐伴奏；后演变成民间曲艺。

③ 嘌唱：宋时民间一种音调曲折柔曼的唱法。亦指以此唱法演唱的时调、小曲。

④ 赚色：演唱赚曲的角色。

徐胜胜　　　耿　四　　　牛安安（陈刻"牛"作"朱"）

余元元　　　钱寅奴

朱伴伴（大虎头。陈刻"朱"作"陈"，"大"作"火"）

彭板：

段防御（舍生）　　　　张眼光　　　　张　开

张驴儿（谓之"三张"）

陈宜娘（笛。陈刻"宜"作"宣"）　　陈喜生（拍）

周双顶　　潘小双　　莫　及（笛）　陈　喜（拍）

来　七（笛）董大有　　金　四（札子皮）

朱关生

杂剧：

赵　太（陈刻"泰"）　　慢星子（女流）王侯喜

宋邦宁　　　唐都管（世荣）

三　何（晏喜、晏清、晏然）　　　　锄头段

唧伶头　　　诸国朝　　宋清朝（陈刻"朝清"）

王　太（铁笠）　　　郝　成（小锹）

宋　吉（陈刻"宋喜"）　　　　　宋国珍

赵　恩　　王　太　　吴师贤　　朱　太（猪儿头）

王见喜　　铁　太　　冯舜朝　　王珍美

吴国贤　　郑　太　　惠恩泽　　时　和

颜　喜　　萧金莲　　一窟王　　时丰稔

时国昌　　金　宝　　赵　祥　　吴国昌

王　吉　　　王双莲（女流）　　　　沈小乔

杜　太　　　蒋　俊

杂扮①（纽元子。陈刻无此三字）：

铁刷汤　　　江鱼头　　　兔儿头　　　菖蒲头

眼里乔　　　胡蜀葵　　　迎春茧　　　卓郎妇

笑靥儿　　　科头粉（陈刻"扮"）　　　韵梅头

小菖蒲　　　金鱼儿　　　银鱼儿　　　胡小俏

周　乔　　　郑小俏　　　鱼得水（旦）　王道泰

王寿香（旦）厉　太　　　顾小乔　　　陈橘皮

小橘皮　　　菜市乔　　　自来俏（旦）

弹唱因缘：

童　道　　　费　道　　　蒋居安

陈　端（陈刻"遂"）　　　李　道　　　沈　道

顾善友　　　甘　道　　　俞　道　　　徐康孙

张　道

唱京词：

蒋郎妇　　　孟　客　　　吴郎妇　　　马　客

诸宫调②（传奇）：

高郎妇　　　黄淑卿　　　王双莲

袁太道（陈刻"太"作"本"）

---

① 杂扮：宋代流行的一种小戏。以剧情简单、逗人嬉笑著称。一般为杂剧之散段。

② 诸宫调：宋、金、元说唱艺术的一种，也是一种文学体裁。

唱耍令：

大祸胎　　小祸胎　　李　俊

香陈渊（陈刻"陈香渊"）大小王　　熊　二

路淑卿　　陈　昌　　叶　道（道情）

王　保　　王　定　　陆　槐　　郭　忠

牛　昌　　郭双莲　　陈　新　　徐　喜

吴　昌　　赵防御（双目无。御前）

唱《拨不断》①：

张胡子　　黄　三

说诨话：

蛮张四郎

商谜②：

胡六郎　　魏大林（陈刻"材"）　　张　振

周月岩（江西人）　　蛮明和尚　　东吴秀才

陈　宾　　张月斋　　捷机和尚　　魏智海

小胡六　　马定斋　　王心斋

覆射③：

女郎中

---

① 《拨不断》：双调曲牌名。此调流行于南宋和元代。全曲六句，基本句式为三三七七七四。

② 商谜：一种以猜谜语形式为特征的滑稽风趣的说唱艺术。商谜有商者、来客两人表演，商者出谜，来客猜谜，有问有答，反复斗智，类似相声中的猜谜。

③ 覆射：射覆。古时一种游戏。通常是置物于覆器之下，让人猜测。

学乡谈①：

方斋郎

舞绾百战：

张遇喜	刘仁贵	宋十将（陈刻"宋"作"朱"）
常十将	错安头	欢喜头	柴小升哥
林赛哥	张名贵	花念一郎	花中宝

神鬼：

| 谢兴哥 | 花　春 | 王铁一郎 | 王铁三郎 |

撮弄杂艺：

林遇仙	赵十一郎	赵家喜	浑身手
张赛哥（陈刻"宝歌"）		王小仙	姚遇仙
赵念五郎	赵世昌	赵世祥	耍大头（踢弄）
金　宝	施半仙	金逢仙	小关西
陆　寿	包　显	女姑姑	施小仙

泥丸：

| 王小仙 | 施半仙 | 章小仙 |

袁丞局（陈刻"承局"）

头钱：

| 包　显 | 包　喜 | 包　和 | 黄　林 |

---

① 乡谈：曲艺术语。江浙一带的曲种，如苏州评弹中，称方言为"乡谈"。一般在模拟书目中的人物语言时使用。宋元时已有用学说方言招揽观众的"学乡谈"。北方一带的曲种称乡谈为"倒口"。

踢弄①：

吴金脚　　耍大头　　吴鹞子

傀儡（悬丝、杖头、药发、肉傀儡、水傀儡）：

陈中喜　　陈中贵　　卢金线　　郑荣喜

张金线　　张小仆射（杖头）

刘小仆射（水傀儡）　　张逢喜（肉傀儡）

刘　贵　　张逢贵（肉傀儡）

顶橦② 踏索③：

李赛强　　一块金　　李真贵（宋刻"真会"）

间生强

清乐：

黄显贵　　没眼动乐

角抵：

王侥大　　张关索　　撞倒山　　刘子路

卢大郎　　铁板沓　　赛先生　　金重旺

赛板沓　　曹铁凛　　赛侥大　　赛关索

周黑大　　张侥大　　刘春哥　　曹铁拳

王急快　　严关索　　韩铜柱　　韩铁僧

王赛哥　　一拔条　　温州子　　韩归僧

---

① 踢弄：古代百戏之一，包括踢碗和捞球两类。踢碗就是今日说的蹬技。

② 顶橦（tóng）：顶竿杂技的一种。

③ 踏索：走索。杂技的一种，演员在悬空的绳索上来回走动，并表演各种动作。又称踏绳。

黑八郎　　　郑　排　　　昌化子

小住哥（陈刻"佳哥"）　周僧儿　　广大头

金寿哥　　　严铁条　　　武当山

盖来住（陈刻"盖"作"孟"）董急快　董侥大

周板沓　　　郑三住　　　周重旺　　小关索

小黑大　　　阮舍哥　　　傅卖鲜　　郑白大

乔相扑：

元鱼头　　　鹤儿头　　　鸳鸯头　　一条黑

一条白　　　斗门乔　　　白玉贵　　何白鱼

夜明珠

女飐[①]**：**

韩春春　　　绣勒帛　　　锦勒帛　　赛貌多

侥六娘　　　后辈侥　　　女急快

使棒：

朱来儿　　　乔使棒高三官人

打硬（陈刻佚此门）：

孙七郎　　　酒李一郎（说话）

举重：

天武张（击石球）　　花马儿（掇石墩）

郭　介　　　端　亲　　　王尹生　　陆　寿

---

① 女飐（zhǎn）：宋代女相扑艺人，即女摔跤手，女子表演相扑，为宋代一特色，司马光痛斥皇帝观赏女子相扑。

打弹①：

俞麻线（二人）　　杨　宝　　姚　四

白肠吴四　蛮　王　林四九娘（女流）

蹴球：

黄如意　范老儿　小　孙　张　明

蔡　润

射弩儿：

周　长（造弩）　　康　沈（造箭）

杏　大　林四九娘（女流）　　黄一秀

散耍②：

杨　宝　陆　行　庄秀才　沈　喜

姚　菊

装秀才③：

花花帽孙秀　陈斋郎

吟叫：

姜阿得　　钟　胜　　吴百四

潘善寿（陈刻"喜寿"）　苏阿黑　　余　庆

合笙：

双秀才

---

① 打弹：用棒打球。

② 散耍：宋代表演技艺之一。犹杂耍。

③ 装秀才：宋金杂剧院本中扮演青年书生的角色。相当于后世戏曲中的小生。

沙书[①]：

余　道（陈刻"金道"）　　姚遇仙　　李三郎（改画）

教走兽：

冯喜人（陈刻"人喜"）　　李　三（教熊）

教飞禽虫蚁：

赵十一郎　　赵十七郎　　猢狲王

弄水[②]：

哑　八　　谢棒杀（陈刻无"杀"字）

画牛儿　　僧儿

放风筝：

周　三　　吕偏头

烟火：

陈太保　　夏岛子

说药：

杨郎中　　徐郎中　　乔七官人

捕蛇：

戴官人

[①] 沙书：一种技艺表演。其法为用手撮细沙或石粉挥洒成字。能表现出一定的风格、工力者为佳。

[②] 弄水：在水上做竞技表演。

七圣法[①]：

杜七圣

消息：

陆眼子　　高　道

[①] 七圣法：幻术"七圣刀"。北宋时东京每年清明节，诸君向皇帝上演的百戏中就有这个节目。

卷七

乾淳奉亲

此书丛脞①无足言②,然间有典章③一二可观,故好事者或取之,然遗阙④故不少也。近见陈源家所藏《德寿宫起居注》,及吴居父、甘升所编《逢辰》等录,虽皆琐酿(陈刻"碎")散漫,参考旁证,自可互相发挥,又皆乾、淳奉亲之事,其一时承颜养志之娱,燕间文物之盛,使观之者锡类⑤之心,油然而生,其于世教民彝⑥,岂小补哉。因辑为一卷,以为此书之重。然余所得而闻者,不过此数事耳。若二十八年之久,余虽不得尽知而尽纪之,然即其所知其所不知,盖亦可以想见矣。因益所未备,通为十卷,杂然书之。既不能有所次第,亦不暇文其言。词贵乎纪实,且使世俗易知云尔。

乾道三年三月初十日,南内⑦遣阁长至德寿宫奏知:"连日天气甚好,欲一二日间恭邀车驾幸聚景园看花,取自圣意,

---

① 丛脞(cuǒ):细碎;烦琐。
② 足言:谓用完美的文采夸饰言语。
③ 典章:法令制度。
④ 遗阙(quē):遗缺。
⑤ 锡类:谓以善施及众人。
⑥ 民彝:犹人伦。旧指人与人之间相处的伦理道德准则。
⑦ 南内:南宋皇帝居住的地方。这里指宋孝宗。

选定一日。"太上①云:"传语官家②,备见圣孝,但频频出去,不惟费用,又且劳动多少人。本宫后园亦有几株好花,不若来日请官家过来闲看。"遂遣提举官同到南内奏过,遵依讫。次日,进早膳后,车驾与皇后、太子过宫,起居二殿③讫,先至灿锦亭进茶,宣召吴郡王、曾两府以下六员侍宴,同至后苑看花。两廊并是小内侍及幕士。效学西湖,铺放珠翠、花朵、玩具、匹帛及花篮、闹竿、市食等,许从内人关扑。次至球场,看小内侍抛彩球、蹴秋千。又至射厅看百戏,依例宣赐。回至清妍亭看荼䕷,就登御舟,绕堤闲游。亦有小舟数十只,供应杂艺、嘌唱、鼓板、蔬果,与湖中一般。太上倚阑闲看,适有双燕掠水飞过,得旨令曾觌④赋之,遂进《阮郎归》云:"柳阴庭院占风光,呢喃⑤春昼长。碧波新涨小池塘,双双蹴水忙。萍散漫,絮飞扬,轻盈体态狂。为怜流水落花香,衔将归画梁。"即登舟,知阁张抡进《柳梢青》云:"柳色初匀,轻寒似水,纤雨如尘,一阵东风,縠纹⑥微皱,碧沼鳞鳞。仙娥花月精神,奏凤管,鸾丝斗新,万岁声中,九霞杯里,长醉芳春。"曾觌和进云:"桃靥红匀,梨腮粉薄,

---

① 太上:太上皇宋高宗赵构。

② 官家:臣下对皇帝的尊称。

③ 二殿:指太上皇赵构与吴太后。

④ 曾觌(dí):字纯甫,号海野老农,汴京(今河南开封)人。

⑤ 呢喃:形容小声说话,轻声细语。

⑥ 縠(hú)纹:绉纱似的皱纹,常用以喻水的波纹。

鸳径无尘，凤阁凌虚，龙池澄碧，芳意鳞鳞。清时酒圣花神，看内苑，风光又新，一部仙韶，九重鸾仗，天上长春。"各有宣赐。次至静乐堂看牡丹，进酒三盏，太后邀太皇、官家同到刘婉容位奉华堂听摘阮①，奏曲罢，婉容进茶讫，遂奏太后云："本位近教得二女童，名琼华、绿华，并能琴阮、下棋、写字、画竹、背诵古文，欲得就纳与官家则剧②。"遂令各呈伎艺，并进自制阮谱三十曲，太后遂宣赐婉容宣和殿玉轴、沉香槽三峡流泉正阮一面、白玉九芝道冠、北珠缘领道氅③、银绢三百匹两、会子三万贯（陈刻"一百万贯"似误）。是日，三殿并醉，酉牌还内。自此官里知太上圣意不欲频出劳人，遂奏知太上，命修内司日下于北内后苑建造冷泉堂，叠巧石为飞来峰，开展大池，引注湖水，景物并如西湖。其西又建大楼，取苏轼诗句，名之曰"聚远"，并是今上御名恭书。又御制堂记，太上赋诗，今上恭和，刻石堂上。是岁，翰苑进《端午帖子》云："聚远楼头面面风，冷泉堂下水溶溶。人间炎热何由到，真是瑶台第一重。"又曰："飞来峰下水泉清，台沼经营不日成。胜境自超尘世外，何须方士觅蓬瀛。"皆纪实也。

淳熙三年五月二十一日天申圣节④。先十日，驾诣⑤德寿

---

① 摘阮：弹奏阮咸。

② 则剧：玩乐。

③ 道氅（chǎng）：道士穿的外套。

④ 天申圣节：太上皇赵构的生日，这年赵构七十岁。

⑤ 诣：前往。

宫进香，并进奉银五万两、绢五千匹、钱五万贯、度牒一百道，用绿油匣二百个。上贴签云："臣某（御名）谨进。"令幕士安顿寝殿前，候阁长到宫，移入殿上，并铺放七宝金银器皿等。十二日，皇后到宫进香排日，皇太子、皇太子妃并大内职典等进香。至日卯时，车驾率皇后、太子、太子妃、文武百僚并诣宫上寿。车驾至小次降辇，太上遣本宫提举传旨减拜行礼。上回奏云："上感圣恩，容臣依礼上寿。"太上再命减十拜。俟太上升殿，皇帝起居拜舞如仪，并率皇太子、百官奉上御酒。乐作，卫士山呼，驾兴入幄次小歇，乐人再排立殿上，降帘，太上再坐，太后率皇后、太子妃上寿，六宫次第起居礼毕，退。上侍太上过寝殿，进早膳。太上令宣唤吴郡王等官前来伴话。上侍太上同往射厅，看百戏，依例宣赐。再入幄次小歇，上遣阁长奏知太上："午时二刻，恭请赴坐。"至期，车驾并赴德寿殿排当。自皇帝以下，并簪花侍宴。至第三盏，太上遣内侍请官家免花帽儿、束带，并卸上盖衣。官里回奏上感圣恩。并免皇后头冠，皇太子穿执①，并谢恩讫。太上泛赐皇太子垒金嵌宝盘盏、紫罗紫纱。南北内互赐承应②人目子钱③。主管禁卫官率禁卫等人于殿门外谢恩。又入幄次小歇。约二刻，再请太上往至乐堂再坐，

---

① 穿执：谓穿靴执笏。

② 承应：指妓女、艺人应官廷或官府之召表演侍奉。

③ 目子钱：宋朝皇官中的一种赏钱。

教坊大使申正德进新制《万岁兴龙曲》乐破对舞，各赐银绢有差。又移宴清华，看蟠松，宫嫔五十人皆仙妆，奏清乐，进酒，并衙前呈新艺。约至五盏，太上赐官里御书《急就章》并《金刚经》，官家却进御书真草《千字文》，太上看了甚喜，云："大哥近日笔力甚进。"上起谢。同皇太子步至蟠松下，看御书诗。再入坐，太上宣索翡翠鹦鹉杯，官里与皇后亲捧杯进酒。太上曰："此是宣和间外国进到，可以屑金。就以为赐。"上谢恩。时太上、官家并已七八分醉，遂再服上盖，率皇后、太子谢恩，宣平辇近里升辇。太上宣谕知省云："官家已醉，可一路小心照管。"知省等领圣旨还内。来早[1]，上遣知省至宫，恭问二圣起居，并奏欲亲到宫谢恩。太上就令提举往问兴居[2]，并免到宫行礼。

八月二十一日，寿圣皇太后生辰。先十日，车驾过宫，先至太上处起居，方至本殿进香。次皇后、皇太子、太子妃、庄文太子妃张娘娘以下并进香起居。上至太上内书院进泛索[3]，遂奏安止还内。十二日，婉容到宫，至西便门廊下，先至太上处奏起居，次入本殿进香，值雨[4]，免下阶起居，大内进香。十三日，知省及大官到宫进香，阁长就管押进奉银绢、度牒等，并七宝银金器皿（比天申节减半），并珠子

---

[1] 来早：明天早晨。

[2] 兴居：指日常生活。犹言起居。

[3] 泛索：古代宫中供帝王所用的点心。非定时所进，故名。

[4] 值雨：遇上下雨的天气。

十号，并于后殿铺放。十六日，本殿提举率本宫官属进香，并设放寿星及神仙意思书画等物，隔帘奏喏免起居，退。次日，皇太后宅亲属到宫进香，并本宫人吏、后苑官属、作苑使臣等并节次进香。二十一日卯时，皇后先到宫，候驾到，至太上前殿起居，次至本宫殿（陈刻无"宫"字），官家第一班，皇后第二班，太子并太子妃第三班，共上寿讫，太后宅亲属上寿，并同天申节仪。太上邀官里至清心堂进泛索，值雨不呈百戏，依例支赐。午初二刻，奏辨就本殿大堂面北坐，官家花帽儿上盖，皇后三钗头冠，并赐簪花。至五盏，并免大衣，服官里便背儿赴坐。第七盏，小刘婉容进自制《十色菊》《千秋岁》曲破，内人琼琼、柔柔对舞。上于阁子库取赐五两数珠子一号、细色北缎各十匹，太后又赐七宝花十枝、珠翠芙蓉缘领（陈刻"领缘"）一副。又移坐灵芝殿有木犀处进酒。次到至乐堂再坐。至更后还内。

十月二十二日，今上皇帝会庆圣节。至日，车驾过宫，太上升殿起居讫，簪花拜舞，进寿酒讫，太上回赐寿酒。次至太后殿行礼（详见第一卷）。从太上至后苑梅坡看早梅，又至浣溪亭看小春海棠。午初，至载忻堂排当，官家换素帽儿，太后赐官里女乐二十人，上再拜谢恩。并教坊都管王喜等进新制《会庆万年》薄媚曲破对舞，并赐银绢。太上以白玉桃杯赐上御酒云："学取老爹年纪早早还京。"上饮酒，再拜谢恩。三盏后，官家换背儿，免拜；皇后换团冠背儿；

太子免系裹，再坐。本宫御侍六人，并升郡夫人，就赐诰谢恩，并照例支散目子钱。太上又赐官里玉酒器十件、垒珠嵌宝器皿一千两、克丝作金龙装花软套阁子一副。侍宴官吴郡王已下，各赐金盘盏、匹缎并蔷薇露酒、香茶等。是日，官里大醉，申后宣逍遥子入便门升辇还内。

淳熙五年二月初一日，上过德寿宫起居，太上留坐冷泉堂进泛索讫，至石桥亭子上看古梅。太上曰："苔梅有二种，一种宜兴张公洞者，苔藓甚厚，花极香；一种出越上，苔如绿丝，长尺余。今岁二种同时著花，不可不少留一观。"上谢曰："恭领圣旨。"上皇因言多日不见史浩①，命内侍宣召，既至，起居讫，赐坐，并召居广、郑藻初筵。教坊奏乐，呈伎酒三行。太上宣索市食，如李婆婆杂菜羹、贺四酪面、脏三猪胰、胡饼、戈家甜食等数种。太上笑谓史浩曰："此皆京师旧人。"各厚赐之。史起谢。又移宴静乐堂，尽遣乐工，全用内人动乐。且用盘架，品味百余种，酒行无算。又宣索黄玉紫心葵花大盏，太上亲自宣劝，史捧觞②为两宫寿。时君臣皆已沾醉，小内侍密语史相公云："少酌。"上闻之曰："满酌不妨，当为老先生一醉。"太上极喜，赐史少保玉带一条、冰片脑子一金盒、紫泥罗二十匹、御书四轴。史相谢恩而退。

淳熙六年三月十五日，车驾过宫，恭请太上、太后幸聚

---

① 史浩：字直翁，号真隐。明州鄞县（今浙江宁波）人，南宋政治家、词人。
② 觞（shāng）：古代称酒杯。

景园。次日，皇后先到宫起居，入幕次换头面，候车驾至，供泛索讫，从太上、太后至聚景园。太上、太后至会芳殿降辇，上及皇后至翠光降辇，并入幄次小歇。上邀两殿至瑶津少坐，进泛索。太上、太后并乘步辇，官里乘马，遍游园中，再至瑶津西轩，入御筵。至第三盏，都管使臣刘景长供进新制《泛兰舟》曲破，吴兴祐舞，各赐银绢。上亲捧玉酒船上寿酒，酒满玉船，船中人物，多能举动如活，太上喜见颜色，散两宫内官酒食，并承应人目子钱。遂至锦壁赏大花，三面漫坡，牡丹约千余丛，各有牙牌①金字，上张大样碧油绢幕。又别剪好色样一千朵，安顿花架，并是水晶、玻璃、天青汝窑金瓶。就中间沉香桌儿一只，安顿白玉碾花商尊，约高二尺、径二尺三寸，独插"照殿红"十五枝。进酒三杯，应随驾官人内官，并赐两面翠叶滴金牡丹一枝、翠叶牡丹沉香柄金彩（陈刻"丝"）御书扇各一把。是日，知阁张抡进《壶中天慢》云："洞天深处赏娇红，轻玉高张云幕。国艳天香相竞秀，琼苑风光如昨。露洗妖妍（陈刻"娆"），风传馥郁，云雨巫山约。春浓如酒，五云台榭楼阁。圣代道洽功成，一尘不动，四境无鸣柝。屡有丰年天助顺，基业增隆山岳。两世明君，千秋万岁，永享升平乐。东皇呈瑞，更无一片花落。"（此词或谓是康伯可所赋，张抡以为己作）赐金杯盘、法锦等物。又进酒两盏，至清辉少歇。至翠光登御舟，入里湖，出断桥，又至珍珠园，

---

① 牙牌：象牙或骨角制的记事签牌。

太上命尽买湖中龟、鱼放生,并宣唤在湖卖买等人。内侍用小彩旗招引,各有支赐。时有卖鱼羹人宋五嫂对御自称"东京人氏,随驾到此"。太上特宣上船起居,念其年老,赐金钱十文、银钱一百文、绢十匹,仍令后苑供应泛索。时从驾官丞相赵雄、枢密使王淮、参政钱良臣并在显应观西斋堂侍班,各赐酒食、翠花扇子。至申时,御舟捎泊①花光亭,至会芳少歇。时太上已醉,官里亲扶下船,并乘轿儿还内。都人倾城尽出观瞻,赞叹圣孝。

九月十五日,明堂大礼。十三日,值雨,未时奏请宿斋。北内送天花蘑菇、蜜煎山药枣儿、乳糖、巧炊、火烧角儿等。十四日早,车驾诣景灵宫,回太庙宿斋。雨终日不止,午后太上遣提举至太庙传语官家:"连日祀事不易,所有十六日诣宫饮福,以阴雨泥泞劳顿,可免到宫行礼。天气阴寒,请官家善进御膳,频添御服。"圣旨遣阁长回奏:"上感圣恩,至日若登楼肆赦时,依旧诣宫行礼。若值雨不登门时,续当奏闻。"至晚,雨不止,宣谕大礼使赵雄:"来早更不乘辂,止用逍遥辇诣文德殿致斋,一应仪仗排立,并行放免,从驾官并常服以从。"并遣御药奏闻北内:"来日为值雨,更不乘辂,谨遵圣旨,更不过宫行饮福礼。"太上令传语官家:"既不乘辂,此间也不出去看也。"大礼使赵雄虽已得旨,犹不

---

① 捎泊:停靠。

许放散①。上闻之曰:"来早若不晴时,有何面目?"雄闻之曰:"纵使不晴,得罪不过罢相耳。"坚执不肯放散。至黄昏后,雨止月明,上大喜,遣内侍李思恭宣谕大礼使,仍旧乘辂,再遣御药奏闻北内:以天晴,仍旧乘辂,候登门肆赦讫,诣宫行饮福礼。十五日晴色甚佳,车驾自太庙乘辂还内,日映御袍,天颜②甚喜,都民皆赞叹圣德。至巳时,太上直阁子官往斋殿,传语官家:"且喜晴明,可见诚心感格。"赐御用匹缎、玉秋辔、七宝篦刀子、事件、素食、果衣等,仍谕:"连日劳顿,免行饮福礼。"今上就遣知省回奏:"上感圣恩,天气转晴,皆太上皇帝圣心感格③,容肆赦讫,诣宫行礼,并谢圣恩。"十六日,登门肆赦毕,车驾诣宫小次降辇,提举传太上皇圣旨:特减八拜,仍免至寿圣处饮福。行礼毕,略至绛华堂进泛索。知阁张抡进《临江仙》词云:"闻道彤庭森宝仗,霜风逐雨驱云。六龙扶辇下青冥。香随鸾扇远,日射赭袍明。帘卷天街人隘路,满城喜望清尘。欢声催起岭梅春。欲知天意好,昨夜月华新。"

淳熙七年十二月二十八日,南内遣御药并后苑官管押进奉两宫守岁盒食、则剧、金银钱、消夜岁轴果儿、锦历、钟馗、爆仗、羔儿法酒、春牛、花朵等。就奏知太上皇帝:"元

---

① 放散:涣散。

② 天颜:天子的容颜。

③ 感格:谓感于此而达于彼,也可理解为感动、感化的意思。

日欲先诣宫朝贺，然后还内，引见大金人使。"太上不许，传语官家："至日可先引见人使讫，却行到宫。"

淳熙八年正月元日，上坐紫宸殿，引见人使讫，即率皇后、皇太子、太子妃至德寿宫行朝贺礼（详见第一卷），并进呈画本人使面貌、姓名及馆伴问答。是岁，太上圣寿七十有五，旧岁欲再行庆寿礼，太上不许，至是乃密进黄金酒器二千两，上侍太上于椤木堂香阁内说话，宣押棋待诏并小说人孙奇等十四人，下棋两局，各赐银绢，供泛索讫，官家恭请太上、太后来日就南内排当。初二日，进早膳讫，遣皇太子到宫，恭请两殿，并只用轿儿，禁卫簇拥入内，官家亲至殿门恭迎，亲扶太上降辇，至损斋进茶；次至清燕殿闲看书画玩器，约午时初，后苑恭进酥酒，十色熬煮；午正二刻，就凌虚排当三盏，至萼绿华堂看梅。上进银三万两、会子十万贯。太上云："宫中无用钱处，不须得。"上再三奏请，止受三分之一。未初，雪大下，正是腊前，太上甚喜。官家云："今年正欠些雪，可谓及时。"太上云："雪却甚好，但恐长安有贫者。"上奏云："已令有司比去年倍数支散矣。"太上亦命提举官："于本宫支拨官会，照朝廷数目发下临安府，支散贫民一次。"又移至明远楼，张灯进酒。节使吴琚进喜雪《水龙吟》词云："紫皇高宴萧台，双成[①]戏击琼包碎。何人为把，银河水剪，

---

① 双成：董双成。神话中西王母侍女名。

甲兵都洗，玉样乾坤，八荒①同色，了无尘翳，喜冰销太液，暖融鸹鹊②，端门晓，班初退。圣主忧民深意，转鸿钧，满天和气。太平有象，三宫二圣，万年千岁。双玉杯深，五云楼迥，不妨频醉。细看来，不是飞花，片片是、丰年瑞。"上大喜，赐镀金酒器二百两、细色缎匹、复古殿香、羔儿酒等。太后命本宫歌板色歌此曲进酒，太上尽醉。至更后，宣轿儿入便门，上亲扶太上上辇还宫。

淳熙九年八月十五日，驾过德寿宫起居，太上留坐至乐堂进早膳毕，命小内侍进彩竿垂钓。上皇曰："今日中秋，天气甚清，夜间必有好月色，可少留看月了去。"上恭领圣旨，索车儿同过射厅射弓，观御马院使臣打球，进市食，看水傀儡。晚宴香远堂，堂东有万岁桥，长六丈余，并用吴璘进到玉石甃成，四畔雕镂阑槛，莹彻可爱。桥中心作四面亭，用新罗白罗木盖造，极为雅洁。大池十余亩，皆是千叶白莲。凡御榻、御屏、酒器、香奁、器用，并用水晶。南岸列女童五十人奏清乐，北岸芙蓉冈一带，并是教坊工，近二百人。待月初上，箫韶齐举，缥缈相应，如在霄汉③。既入座，乐少止。太上召小刘贵妃独吹白玉笙《霓裳中序》，上自起执玉杯，奉两殿酒，并以垒金嵌宝注碗、杯盘等赐贵妃。侍宴官开府曾觌恭

---

① 八荒：四面八方遥远的地方，犹称天下。
② 鸹（zhī）鹊：传说中的异鸟名。
③ 霄汉：云霄和天河，指天空。

上《壶中天慢》一首云："素飙①漾碧，看天衢②稳送，一轮明月。翠水瀛壶③人不到，比似世间秋别。玉手瑶笙，一时同色，小按霓裳叠。天津桥上，有人偷记新阕。当日谁幻银桥，阿瞒④儿戏，一笑成痴绝。肯信群仙高宴处，移下水晶宫阙。云海尘清，山河影满，桂冷吹香雪。何劳玉斧，金瓯千古无缺。"上皇曰："从来月词不曾用金瓯事，可谓新奇。"赐金束带、紫番罗水晶注碗一副。上亦赐宝盏、古香。至一更五点还内。是夜，隔江西兴，亦闻天乐之声。

　　淳熙十年八月十八日，上诣德寿宫，恭请两殿往浙江亭观潮。进早膳讫，御辇檐儿及内人车马，并出候潮门，先命修内司于浙江亭两旁抓缚席屋五十间，至是并用彩缬幕帟⑤。得旨从驾百官，各赐酒食，并免侍班，从便观看。先是澉浦金山都统司水军五千人抵江下，至是又命殿司新刺防江水军、临安府水军并行阅试军船，摆布西兴、龙山两岸，近千只。管军官于江面分布五阵，乘骑弄旗，标枪舞刀，如履平地。点放五色烟炮满江，及烟收炮息，则诸船尽藏，不见一只。奉圣旨，自管军官以下，并行支犒一次。自龙山以下，贵邸豪民彩幕，凡二十余里，车马骈阗，几无行路。西兴一带，

---

① 飙（biāo）：暴风、疾风，引申泛指风。

② 天衢（qú）：本义指天上的道路。引申指京都的道路。

③ 瀛（yíng）壶：瀛洲（古代神话中仙人居住的山，在海上）。

④ 阿瞒：唐玄宗的自称。

⑤ 帟（yì）：小帐幕，亦指幄中座上的帐子。

亦皆抓缚幕次，彩绣照江，有如铺锦。市井弄水人，有如僧儿、留住等，凡百余人，皆手持十幅彩旗，踏浪争雄，直至海门迎潮。又有踏混木、水傀儡、水百戏、撮弄等，各呈伎艺，并有支赐。太上喜见颜色，曰："钱塘形胜，东南所无。"上起奏曰："钱塘江潮，亦天下所无有也。"太上宣谕侍宴官，令各赋《酹江月》一曲，至晚进呈。太上以吴琚为第一，其词云："玉虹遥挂，望青山隐隐，一眉如抹。忽觉天风吹海立，好似春霆初发，白马凌空，琼鳌驾水，日夜朝天阙。飞龙舞凤，郁葱环拱吴越。此景天下应无，东南形胜，伟观真奇绝。好似吴儿飞彩帜，蹴起一江秋雪。黄屋天临，水犀云拥，看击中流楫，晚来波静，海门飞上明月。"两宫并有宣赐。至月上还内。

淳熙十一年六月初一日，车驾过宫，太上命提举传旨："盛暑请官家免拜。"至内殿起居，太上令小内侍扶掖，免拜谢恩，太后处亦免拜。太上邀官里便背儿至冷泉堂，进早膳讫，太上宣谕云："今岁比常年热甚。"上起答云："伏中正要如此。"太上云："今日且留在此纳凉，到晚去。或三省有紧切文字，不妨就幄次进呈。"上领圣旨，遂同至飞来峰看放水帘。时荷花盛开，太上指池心云："此种五花同干，近伯圭自湖州进来，前此未见也。"堂前假山、修竹、古松，不见日色，并无暑气。后苑小厮儿三十人，打息气、唱道情。

太上云："此是张抡所撰鼓子词①。"后苑进沆瀣浆②、雪浸白酒。上起奏曰："此物恐不宜多吃。"太上曰："不妨，反觉爽快。"上曰："毕竟伤脾。"太上首肯。因闲说宣和间，公公每遇三伏，多在碧玉壶及风泉馆、万荷庄等处纳凉，此处凉甚，每次侍宴，虽极暑中，亦着衲袄儿也。命小内侍宣张婉容至清心堂抚琴，并令棋童下棋，及令内侍投壶、赌赛、利物、则剧。官家进水晶提壶连索儿，可盛白酒二斗，白玉双莲杯盘、碾玉香脱儿一套，六个大金盆，一面盛七宝水戏，并宣押赵喜等教舞水族。又进太皇后白玉香珀扇柄儿四把、龙涎香数珠佩带五十副、珍珠、香囊等物。直至酉初还内。

---

① 鼓子词：宋代一种说唱文学，用同一曲调反复演唱，并夹有说白，用以叙事写景。说唱以鼓和之，故称。

② 沆（hàng）瀣（xiè）浆：指一种清凉饮料。

卷八

车驾幸学①

先期三日，仪鸾司及内侍省官至国子监相视八厢，亦至学中搜检。次日，诸斋生员，尽行搬出学外安泊，各斋门并用黄封，学官预拟御课题（咸淳丁卯出《辟雍扬缉熙赋》），用黄罗装背大册，面签②云："太学某斋生臣姓某供。"以大黄罗袱护之，置于各斋之前，以备驾至点索。崇化堂后，即圣驾歇泊之所，皆设御屏、黄罗帏设、供御物等。凡敕入宫门号，止于国子监外门；敕入殿门号，止于国子监内门；敕入禁卫号，止于崇化堂天井，谓之"隔门"。除司业③、祭酒④外，其余学官、前廊、长谕，并带黄号于隔门外席地坐，赐酒食三品，以俟迎驾。驾至纯礼坊，随驾乐部参军色念致语，杂剧色念口号、起引子，导驾至大成殿棂星门，礼部太常寺官、国子监三学官及三学前廊、长谕，率诸生迎驾起居。上乘辇入门，至大成殿门降辇，有旨免鸣鞭，以昭至敬。阁门太常礼直官前导入御幄，太常卿跪奏称："太常卿臣某言：请皇帝行酌献之礼。"上出御幄升殿，诣文宣王⑤位前，三上香，

---

① 幸学：皇帝巡幸学校。
② 面签（qiān）：封面上的题签。
③ 司业：学官名。隋代以前国子监设置司业，为监内的副长官，协助祭酒主管监务。
④ 祭酒：为国子监的主管官。
⑤ 文宣王：孔子。

跪受爵，三祭酒奠爵两拜，在位皆两拜，降阶，归幄。太常卿奏礼毕，陪位官并退。

上乘辇鸣鞭，入崇化堂，降辇，入幄更衣（上所至皆设御幄）。礼官、国子监官、三学官、三学生并于堂下分东西立，次引执经官、讲书官于堂下东壁面西立，宰臣、执政以下北向立，阁门奏班齐，上服帽、红上盖、玉束带、丝鞋，出崇化堂坐。宰臣以下宣名奏圣躬万福。御药传旨，宣升堂，各两拜赞赐坐，分东西阶升堂席后立。次引执经官、讲书官奏万福（官该宣名者即宣名），两拜。次引国子监三学官并三学生奏万福，两拜，分引升两廊席后立。内官进书案听宣，以经授执经官进于案上讲筵内，承受对展经册。入内官进牙界方①，舍人赞赐坐，宰相以下及两廊学官生员应喏讫，各就坐听讲，讲书官进读经义，执经官执牙篦②执读，入内官收撤经书，再以讲义授讲官，讲书官指讲讫，入内官撤书，堂上两廊官并起分行，宰臣以下降阶，讲书官当御前躬身致词，北向立，两拜，御药降阶宣答云："有制，谒款将圣，肃尊视学之仪，讲绎中庸，爰命敷经之彦，茂明彝训，允当朕心。"再两拜。御药传旨宣坐，赐茶讫。舍人赞躬身不拜，各就坐，分引升堂席后立，两拜，各就坐。翰林司供御茶讫，宰臣以下并两廊官赞吃茶讫，宰臣以下降阶，北向立，御药传旨不拜，

---

① 牙界方：象牙做的镇纸。

② 牙篦：牙签。在讲经时用它指点，以免出错。

引两廊官北向各再拜讫出。皇帝起易服,幞头上盖,玉带丝鞋,乘辇鸣鞭出学,百官诸生迎驾如前。随驾乐部,参军色迎驾,念致语,杂剧色念口号曲子,起《寿同天》引子,导驾还宫。在学前廊并该恩出官诸生,各有免解①恩例②,余并推恩有差。

人使到阙

北使到阙,先遣伴使赐御筵于赤岸之班荆馆③中,使传宣抚问,赐龙茶一斤、银合三十两。次日,至北郭税亭茶酒上马,入余杭门,至都亭驿中,使传宣赐龙茶、银合如前,又赐被褥、银沙锣等。明日,临安府书送酒食,阁门官说朝见仪④,投朝见榜子。又明日,入见于紫宸殿。见毕,赴客省茶酒,遂赐宴于垂拱殿。酒五行,从官以上与坐。是日,赐茶酒名果,又赐使、副衣各七事、幞头、牙笏二十两、金带一条并金鱼袋靴一双、马一匹、鞍辔一副,共折银五十两、银沙锣五十两、色绫绢一百五十匹,余并赐衣带、银帛有差。明日,赐牺饩⑤,折博生罗十匹、绫十匹、绢布各二匹。朝见之二日,与伴使偕往天竺寺烧香,赐沉香三十两,并斋筵、乳糖、酒果。次至冷泉亭呼猿洞游赏。次日,又赐内中酒果、

---

① 免解:宋承五代后唐制,举人获准不经解试(荐名于朝廷的地方考试),直接参加礼部试,称"免解"。

② 恩例:帝王为宣示恩德而颁布的条例、规定。

③ 班荆馆:五代和宋时设在京郊用以接待外国使臣的宾馆。

④ 说朝见仪:向使者介绍朝见皇上的礼仪。

⑤ 牺饩(xì):所献赠的生的牛、羊、猪。

风药、花饧。赴守岁，夜筵用傀儡。元正，朝贺礼毕，遣大臣就驿赐御筵，中使传宣劝酒九行。三日，客省签赐酒食，禁中赐酒果，遂赴浙江亭观潮，酒七行。四日，赴玉津园燕射，命善射者假官①伴之，赐弓矢酒行。乐作，伴射与大使射弓，馆伴与副使射弩，酒五行（陈刻"酒九行"）。五日，大燕集英殿，尚书郎官、监察御史以上，并与学士院撰致语。六日，装班朝辞退，赐袭衣、金带三十两、银沙锣五十两、红锦二色、绫二匹、小绫十色、绢三十匹、杂色绢一百匹，余各有差。临安府书送赠仪。复遣执政就驿赐燕，晚赴解换夜筵。伴使始与亲劝酬，且以衣物为侑，谓之"私觌②"。次日，赐龙凤茶、金银合，乘马出北关，登舟。又次日，遣近臣赐御筵。自到阙至朝辞，密赐大使银一千四百两；副使八百八十两，衣各三袭，金带各三条；都管上节各银四十两、衣二袭；中、下节各银三十两、衣一袭、涂金带副之。

宫中诞育仪例略

宫中凡阁分③有娠，将及七月，本位医官申内东门司及本位提举官奏闻门司特奏，再令医官指定降诞月份讫，门司奏排办产阁，及照先朝旧例，三分减一，于内藏库取赐银绢等物如后：

---

① 假官：指临时授予官衔；也指伪装官员的人。
② 私觌：非公事相见。
③ 阁分：宋代对妃嫔的称呼。

罗二百匹

绢四千六百七十四匹（钉设产阁：三朝①、一腊②、二腊、三腊、满月、百晬③、头晬④）

金二十四两八钱七分四厘（裹木笼、竿杈、针眼、铃镯、镀盆。按，"针眼"陈刻作"银计"，俱似误）

银四千四百四十两

银钱三贯足

大银盆一面

醽醁⑤沉香酒五十三石二斗八升

装画扇子一座

装画油盆八面

簇花生色袋身单（陈刻"单"下有"袋"字）一副

催生海马皮二张

檀香匣盛硾⑥铜剃刀二把，金镀银锁钥全

彩画油栲栳⑦、簸箕各一

彩画油砖八口

---

① 三朝：指婴儿出生后第三天，旧俗这一天为婴儿洗三。

② 一腊：宋代民间风俗，生子七日为一腊，有一腊、二腊、三腊、满月等说法。

③ 百晬（zuì）：小儿诞生满百日举行的贺宴，祈愿孩子长命百岁，是希望婴儿能平安成长之意。

④ 头晬：周晬，也就是周岁。

⑤ 醽（líng）醁（lù）：古代的一种美酒。

⑥ 硾（zhuì）：拴上重物往下沉。

⑦ 栲栳：也叫笆斗。用竹篾或柳条编成的圆筐，形状像斗，用来打水或装东西。

彩画油瓶二

新罗漆马衔铁一副

装画胎衣瓶

铁秤锤五个

铁钩五十条

眠羊卧鹿二合各十五事

金银果子五百个

影金贴罗散花儿二千五百

锦沿席一

绿席毡、蒲合、褥子各二（陈刻"蒲"作"绣"）

玛瑙缬绢一匹

大毡四领

干蓐草一束

杂用盆十五个

暖水釜五个

绿油柳木槌十个

生菜一合

生艾一斤

生母姜二斤

黑豆一斗（栲栳全）

无灰酒二瓶

米醋二瓶

纽地黄汁布二条

滤药布二条（金漆箱儿全）

香墨十铤（钿漆影金匣。陈刻"钿漆"作"红罗"）

鸡子五十个（金漆箱儿）

小石子五十颗（竹作笼）

竹柴五十把

红布袋二（盛马桶末用）

带泥藕十挺

生芋子一合（彩画）

银杏一合五十斤（内装画一千个）

嘉庆子五十斤（内装画七百个）

菱米五十斤（内装画七百个）

荔枝五十斤

胡桃二千个（装画）

圆眼五十斤（装画）

莲肉五十斤

枣儿五十斤

柿心五十斤

栗子五十斤

梁子十合（陈刻"果子"）

吃食十合（蒸羊一口、生羊剪花八节、羊六色子、枣大包子、枣浮图儿、豌豆枣塔儿、炊饼、糕、糖饼、髓饼）

仍令太医局差产科大小方脉医官宿直①，供画产图方位、饮食禁忌、合用药材、催生物件，合本位踏逐②老娘③伴人、乳妇④抱女、洗泽⑤人等，申学士院撰述净胎发⑥祝寿文，排办产阁了毕，犒赐修内司、会通门官、本司人吏、库子医官、仪鸾司等人银绢、官会有差。候降诞日，本位官即便申内东门司转奏降诞、三日、一腊、两腊四节次，拆产阁。三腊、满月二次，百晬、头晬，以上十次支赐银绢。仍添本位听宣内人请给十分。以上并系常例。此外特恩，临时取旨，不在此限。外廷仪礼，不在此内。

册皇后仪

先一日，宣押翰林学士锁院⑦草册后制词，赐学士润笔⑧金二百两。次日，百官听宣布，皇后三辞免，不允。差官奏告天地、宗庙、社稷、诸陵。太史局择日，先期命有司陈设。

至日早，文武百僚集于大庆殿门外，节次赞引执事官入立，班定。皇帝自内服幞头、红袍、玉带、靴入幄，更服通天冠、

---

① 宿直：夜间值班。

② 踏逐：寻访；觅求。

③ 老娘：旧称收生婆（以旧法接生为业的妇女）。

④ 乳妇：乳母。

⑤ 洗泽：清洗。

⑥ 净胎发：婴儿满月时，理去胎发。

⑦ 锁院：指宋代翰林院处理如起草诏书等重大事机时，锁闭院门，断绝往来，以防泄密。

⑧ 润笔：也叫润资。指给作诗文书画的人的报酬。

绛纱袍。礼部侍郎奏中严外办，礼仪使俯伏跪称："礼仪使臣某言：请皇帝发册。"（余与德寿宫上册宝礼仪并同）侍中诣御坐前躬承旨讫，降东阶立称："有制。"皆再拜。太傅、太保躬身。侍中宣制曰："册妃某氏，立为皇后。命公等持节展礼。"太傅、太保再拜，参政帅掌节者脱节衣①，诣太傅位，掌节者以节授参政，参政奉节西向，以节授太傅，太傅受讫，以节授掌节者。次中书令以册授太傅，太傅受讫，置于案次，侍中转宝授太保，并如前仪。复位，并再拜。持节者前导，册宝进行，太傅押册，太保押宝（正安乐作），由中道出文德殿东偏门（乐止）。掌节者加节衣，至穆清殿外幄次，初册宝出门。礼仪使至御座前跪奏："礼仪使臣某言：礼毕。"内侍承旨索扇，扇合，帘降，鸣鞭，协律郎举麾鼓柷②（乾安乐作）。皇帝降坐，入东房，戛敔③（乐止），侍中版奏解严。

是日，穆清殿设乐架黄麾仗。皇后常服，乘金龙肩舆至穆清殿后西阁，内命妇④等应陪列者奉从至阁内，侍中版奏中严外办，应行事执事官各就门外位立定，持节者立于左，

---

① 节衣：指符节的外套。
② 举麾（huī）鼓柷（zhù）：举旗敲柷。柷，古乐器名。古代奏乐之初，必先击柷。
③ 戛（jiá）敔（yǔ）：古代在雅乐结束时击奏的止乐乐器。
④ 内命妇：古称皇帝的妃、嫔、世妇、女御等为"内命妇"。

内命妇各就位，皇后首饰、袆衣①，内侍引司言②，司言引尚宫③，尚宫引皇后出阁，协律郎举麾（坤安乐作），由西房至殿上，南向立定（乐止），礼直官引太傅、太保就内给事前西向跪称："册使太傅某、副使太保某，奉制授皇后前备物典册。"俛伏④，兴⑤退，复位。内给事诣皇后前跪奏如前。次太傅以册授内侍，内持受册，举册官奠册举册举案，俱诣内谒者监位，以册授内谒者监，受册奠讫。次太保转宝授内谒者⑥监如前仪。掌节者脱节衣，以节授掌节，内侍前导册宝进行入殿门，内谒者监都大主管后从，以次入殿庭（宜安乐作），至位（乐止）。尚宫引皇后自东阶至殿下中褥位北向（承安乐作），至位（乐止），举册宝官并案进于皇后之右，少前，西向跪奠讫。内侍称："有制。"后再拜，读册官跪宣册文，后又再拜。次内谒者监奉册授皇后，皇后受讫，以授司言。次奉宝授皇后，皇后受讫（乐止），皇后再拜，退。内侍以谢皇太后笺授皇后，皇后置于案，再拜，内侍奉表以出投进。次谢皇帝表，如前。内侍奏礼毕。次尚宫引皇后升堂（和安乐作），司宝奉宝至于坐前（乐止），司宾引内命

---

① 袆（huī）衣：周礼所记命妇六服之一，后妃、祭服朝服"三翟"中最隆重的一种。
② 司言：宫中女官名，负责传宣圣旨。
③ 尚宫：宫中女官名，负责拿物品等。
④ 俛（miǎn）伏：弯下身子。
⑤ 兴：起身。
⑥ 内谒（yè）者：宫官名。掌内外传旨通报之事。多由宦官担任。

妇次就位班首初行（惠安乐作），至位（乐止），命妇皆再拜，司赞引班首升阶（惠安乐作乐止），进当皇后，北向致词称赞，降自西阶（惠安乐作），至位（乐止）。内外命妇皆再拜，司言称："令旨。"命妇皆再拜。宣令旨讫，又皆再拜。司宾以次引命妇还宫（惠安乐作），出门（乐止）。次内侍引外命妇出（咸安乐作），至阶上（乐止），北向致词（咸安乐作），降阶（乐止），外命妇皆再拜，又宣答如前。内侍奏礼毕，皇后降坐（徽安乐作），皇后归阁（泰安乐作），至阁（乐止），受贺毕。皇后更常服升坐，命外命妇如宫中仪会毕，再拜，以次出。

皇后归谒家庙

（用咸淳全后例）

　　太史局预择日降旨，命礼寺参酌礼典所属排办。至日，皇后出宫，至祥曦殿上升龙檐，出和宁门，至皇后家庙。本府干办使臣等并穿秉[①]、兵士并衫帽，于大门外香案前排立，俟仪卫至，各两拜。本府亲属于门内，妇人于厅下侧立，俟龙檐升厅，至堂门降檐入幄次，少歇。次本府亲属并立幄前兴居，退诣家庙，以俟陪立。次本阁官奏请皇后服团冠背儿，乘小车入诣家庙（内侍传呼乐官，乐作）。西阶降车（乐止）。皇后升堂西向位（乐作），两拜，陪位官各两拜，读祝文，两拜，陪位各两拜如上仪（乐作、乐止如上）。皇后还位，再拜，

---

① 穿秉：穿礼服而执朝笏。

陪位官各两拜，皇后降东侧，升车（乐止）。又诣后堂，炷香如前仪。次赴赐筵，皇后坐于堂中，南向，堂前施帘，亲属并常服诣厅下南向谢恩。俟皇后升堂，诣帘前两拜，妇人于帘内两拜，亲属并系鞋立定，以俟就坐，供进酒食如家人礼。至第五盏，各于席前立，俟皇后降坐少歇，再坐并如前仪。

又至第九盏酒毕，并靴、笏各两拜，赐筵、赐物，次于厅前排立谢恩，各两拜。俟皇后出幄乘龙檐，亲属北向两拜，退。皇后还内，诣御前谢恩，进纳御前及送诸阁分夫人、御侍韶部、职事内人及诸位次内人、本殿内人并细色匹帛、盘盏、细果、海鲜、时新吃食，及支给内侍省大官以下及本殿官吏银绢有差。次日，内降①指挥②：皇后封赠三代亲属，并行推恩。

早泛索：

皇后：

下饭七件　　菜蔬五件　　茶果十合　　小碟儿五件

亲属：

各早食十味

赐筵：

皇后：

绣高饤十　　时果十碟　　脯腊十碟　　细京果③十碟

细蜜煎十碟　　看菜十碟（陈刻"看果"）

---

① 内降：不按常规经中书等省议定，而由官内直接发出诏令。

② 指挥：唐宋诏敕和命令的统称。

③ 京果：京城产的水果。

亲属：

京果四十垒　　脯腊三百碟　　时果、干果共五百碟

初坐：

皇后：

下酒吃食九盏　　上细看食十件　　果子意思十件

歇坐：

下酒吃食十盏　　果子十件　　　　时果十件

宣赐折食钱：

大官四员　　　阁长以下十三员　　皇后阁内人

押班等二十五人　　　　　　　　　本殿随从官

仪鸾司官　　　御酒库官　　　　　御辇院官

御厨官

翰林司官　　　祗候库官　　　讲殿幕士　　乐　官

赐筵乐次：

家庙酌献三盏，诸部合《长生乐》引子。

赐筵初坐：

《蕙兰芳》引子。

第一盏，觱篥起《玉漏迟慢》；笛起《侧犯》；笛起《珍珠髻》；觱篥起《柳穿莺》；合《喜庆》曲破，对舞。

第二盏，觱篥起《圣寿永》歌曲子；琵琶起《倾杯乐》。

第三盏，琵琶起《忆吹箫》；觱篥起《献仙音》。

第四盏，琵琶独弹《寿千春》；笛起《芳草渡》；念致

语、口号；勾杂剧色时和等做《尧舜禹汤》，断送《万岁声》；合意思，副末念（雨露恩浓金穴贵，风光远胜马侯家）。

第五盏，觱篥起《卖花声》；笛起《鱼水同欢》。

歇坐：

第一盏，觱篥合小唱《帘外花》。

第二盏，琵琶独弹《寿无疆》（陈刻"无疆寿"）。

第三盏，筝、琶、方响合《双双燕》神曲。

第四盏，唱赚。

第五盏，鼓板、觱篥合小唱《舞杨花》。

再坐：

第六盏，笙起《寿南山》；方响起《安平乐》。

第七盏，筝弹《会群仙》；笙起《吴音子》；勾杂剧，吴国宝等做《年年好》；断送《四时欢》；合意思，副末念（香生花富贵，绿嫩草精神）。

第八盏，笛起《花犯》；觱篥起《金盏倒垂莲》。

第九盏，诸部合《喜新春慢》曲犯。

宫乐官五十八人，各帽子、紫衫、腰带。都管一人，幞头、公服、腰带、系鞋、执杖子。

乐官犒设：

内藏库支赐银、皇后殿外库支赐钱酒、本府支犒钱酒。

皇后散付本府亲属、宅眷、干办、使臣以下：

金合　　金瓶　　金盘盏　　金环

金　镯　　　金　钗　　　金　钱（共金五百两）

银盘盏（共二千两）　　细色缎匹　　翠　领

翠　花　　　翠　冠　　　翠　扇　　　翠篦环

银　钱　　　画　扇　　　龙涎香　　　刺绣领

画　领①　　生色罗

皇子行冠礼仪略

太史择日降旨，令太常寺参酌旧礼，有司具办仪物。至日质明②，百僚立班，皇帝即御座，礼直官、通事舍人、太常博士引掌冠、赞冠者入就位（掌冠以太常卿，赞冠以阁门官）。初入门（只安乐作），至位（乐止），典仪赞再拜，在位皆再拜跪，左辅诣御坐前承制，降自东阶，诣掌冠者前称："有制。"典仪赞再拜，在位皆再拜讫。左辅宣制曰："皇子冠，命卿等行礼。"掌冠、赞冠者再拜，左辅复位。王府官入诣皇子东房，礼直官、通事舍人、太常博士引皇子，内侍二人夹侍，王府官后从（自后并准此）。皇子初行（恭安乐作），即席南向坐（乐止），礼直官等引掌冠、赞冠诣罍洗③（乐作），

---

① 画领：施以彩绘的衣领。通常和衣服分开制作，成衣时以线缝缀于衣，可拆卸，以免洗衣时褪色。宋代市贩有成品出售。多用于女服。

② 质明：天刚亮的时候。

③ 罍（léi）洗：古代祭祀或进食前用以洁手的器皿。罍盛清水，用枓取水洁手，下承以洗。

搢①笏、盥手②、帨手③讫,执笏升(乐止)。

执折上巾④者升,掌冠者降一等受之,右执项左执前⑤进皇子席前,北向跪冠(修安乐作)。掌冠者兴,席南北面立,赞者进席前,北面跪,正冠兴立于掌冠者后。皇子兴,内侍跪进服。服讫(乐止),掌冠者揖皇子复坐。赞冠者跪,取爵,内侍以酒注于爵,掌冠受爵,跪进皇子席前,北向立祝曰:"酒醴和旨⑥,笾豆静嘉⑦,受尔元服⑧,兄弟具来,永言保之,降福孔皆⑨。"皇子搢笏跪受爵(翼安乐作),饮讫,奠爵执笏。太官令奉馔,设于皇子席前,皇子搢笏食讫(乐止),执笏,太官令撤馔。礼直官等复引掌冠、赞冠降诣罍洗(乐作),搢笏、盥手、执笏升(乐止)。赞冠者进席前,北向跪,脱折上巾置于匴⑩,兴。内侍跪受服,兴,置于席。

执七梁冠者升,掌冠者降二等受之,右执项左执前进皇

---

① 搢(jìn):插。

② 盥(guàn)手:洗手。古人常以手洁表示敬重。

③ 帨(shuì)手:用手绢儿擦手。帨,古时的佩巾,像现在的手绢儿。

④ 折上巾:古冠名。后汉梁冀改舆服之制,折叠巾之上角,称折上巾。北周裁为四脚,名曰幞头,也称折上巾。隋唐时贵贱通用,宋时为皇帝、皇太子常服。

⑤ 右执项左执前:右手拿着折上巾的后部,左手拿着前部。

⑥ 和旨:醇和而甘美。

⑦ 笾豆静嘉:指食器很洁净。

⑧ 元服:指冠。古称行冠礼为加元服。

⑨ 孔皆:指普遍降福。

⑩ 匴(suǎn):古代行冠礼时盛帽子的竹箱。

太子席前，北向跪冠（进安乐作）。掌冠者兴，席南北面立，赞者进席前，北面跪，簪结纮①，兴，立于掌冠者之后。皇子兴，内侍跪进服，服讫（乐止）。赞冠者揖皇子复坐。赞冠者跪受取爵，内侍以酒注爵，掌冠者跪受进爵皇子席前，北向立，祝曰："宾赞既戒，肴核惟旅，申加厥服，礼仪有序，允观尔诚，受天之祜。"皇子搢笏跪受爵（辅安乐作），饮讫，奠爵执笏，太官令进馔，撤馔，并如前。赞冠者进席前北向跪，脱七梁冠，置于匲，兴。内侍跪受服，兴，置于席。

执九旒冕②者升，掌冠者降三等受之，右执项左执前进皇子席前，北向跪冠（广安乐作）。掌冠者兴，赞冠者进席前，北面跪，簪结纮，兴，立，皇子兴，内侍进服，服讫（乐止）。皇子复坐，赞冠者再进酒如前，祝曰："旨酒既清，嘉荐令芳，三加尔服，眉寿无疆，永承天休，俾炽而昌。"皇子跪受爵（咸安乐作），太官令奉馔如前。

皇子降自东阶，诣朵殿③东房易朝服，降立于横街南王府官阶下，西向，皇子初行（乐作），至位（乐止）。礼直官等引掌冠者诣皇子位，少进字之曰："岁日云吉，威仪孔时，昭告厥字，君子攸宜，顺尔成德，永言保之。奉敕字某。"皇子再拜，舞蹈，再拜，奏"圣躬万福"，又再拜。左辅诣

---

① 纮（hóng）：古代冠冕上的带子。由颔下向上系于笄，垂余者为缨。

② 九旒冕：古代王公戴的一种礼帽。

③ 朵殿：大殿的东西侧堂。

御坐前承旨降阶，诣皇子前宣曰："有敕。"皇子再拜。左辅宣敕戒曰："好礼乐善，服儒讲艺，蕃我王室，友于兄弟，不溢不骄，惟以守之。"宣讫，皇子再拜。余如皇太子仪。

次日，文武百僚诣东上阁门，拜表称贺。

卷九

高宗幸张府节次略

绍兴二十一年十月,高宗幸清河郡王第,供进御筵节次如后。

安民靖难功臣太傅静江、宁武、靖海军节度使醴泉观使清河郡王臣张俊进奉:

绣花高饤一行八果垒:

香　圆	真　柑	石　榴	怅　子①
鹅　梨	乳　梨	榠　楂②	花木瓜

乐仙干果子叉袋儿③一行:

荔　枝	圆　眼	香　莲	榧　子
榛　子	松　子	银　杏	梨　肉
枣　圈④	莲子肉	林檎旋⑤	大蒸枣

缕金香药一行:

脑子花儿⑥	甘草花儿	朱砂圆子⑦	木香丁香

---

① 怅子:橙子。

② 榠(míng)楂:果木名。落叶乔木。果实味涩,可入药。

③ 叉袋儿:一种麻布袋。

④ 枣圈:枣脯的一种。其形如圈,故称。

⑤ 林檎旋:去掉核后的林檎(沙果)果肉。

⑥ 脑子花儿:龙脑香做的花儿。

⑦ 朱砂圆子:朱砂丸。

水龙脑　　　　史君子①　　　缩砂花儿　　　官桂花儿

白术人参　　　橄榄花儿

雕花蜜煎② 一行：

雕花梅球儿　　红消花（陈刻"儿"）　　　雕花笋

蜜冬瓜鱼儿　　雕花红团花　　木瓜大段儿（陈刻"花"）

雕花金橘　　　青梅荷叶儿　　雕花姜　　　蜜笋花儿

雕花桄子　　　木瓜方花儿

砌香咸酸一行：

香药木瓜　　　椒　梅　　　　香药藤花　　砌香樱桃

紫苏柰香　　　砌香萱花柳儿　砌香葡萄　　甘草花儿

姜丝梅　　　　梅肉饼儿　　　水红姜

杂丝梅饼儿

脯腊一行：

肉线条子（陈刻"线肉"）　　　皂角铤子　　云梦犯儿

虾　腊　　　　肉　腊　　　　奶　房③　　旋　鲊

金山咸豉　　　酒醋肉　　　　肉瓜齑

垂手八盘子：

拣蜂儿　　　　番葡萄　　　　香莲事件念珠

巴榄子　　　　大金橘　　　　新椰子象牙板

小橄榄　　　　榆柑子

---

① 史君子：中草药名，即使君子。

② 雕花蜜煎：雕刻出花样的瓜果蜜饯。

③ 奶房：动物的乳房。

切时果一行：

春　藕　　　鹅梨饼子　　　甘　蔗　　　乳梨月儿

红柿子　　　切梗子　　　　切绿桔

生藕铤子（陈刻"儿"）

时新果子一行：

金　橘　　　葴①杨梅　　　新罗葛　　　切蜜薹

切脆梃　　　榆柑子　　　　新椰子　　　切宜母子②

藕铤儿　　　甘蔗奈香　　　新柑子

梨五花子（陈刻"儿"）

雕花蜜煎一行（同前）：

䤚香咸酸一行（同前）：

珑缠果子一行：

荔枝甘露饼　荔枝蓼花　　荔枝好郎君　珑缠桃条

酥胡桃　　　缠枣圈　　　缠梨肉　　　香莲事件

香药葡萄　　缠松子　　　糖霜玉蜂儿　白缠桃条

脯腊一行（同前）：

下酒十五盏：

第一盏　　　花炊鹌子　　荔枝白腰子

第二盏　　　奶房签　　　三脆羹

---

① 葴（zhēn）：马蓝，一种草。又称酸浆草。

② 宜母子：黎檬，水果名。柠檬之属，味酸。

第三盏	羊舌签	萌芽肚胘①
第四盏	肫掌②签	鹌子羹
第五盏	肚胘脍	鸳鸯炸肚
第六盏	鲨鱼脍	炒沙鱼衬汤
第七盏	鳝鱼炒鲎	鹅肫掌汤齑
第八盏	螃蟹酿枨	奶房玉蕊羹
第九盏	鲜虾蹄子脍	南炒鳝
第十盏	洗手蟹	鲫鱼假蛤蜊
第十一盏	五珍脍	螃蟹清羹
第十二盏	鹌子水晶脍	猪肚假江瑶
第十三盏	虾枨脍	虾鱼汤齑
第十四盏	水母脍	二色茧儿羹
第十五盏	蛤蜊生	血粉羹

插食：

炒白腰子　　炙肚胘　　炙鹌子脯　　润　鸡

润　兔　　炙炊饼

炙炊饼脔骨（"炙炊饼"三字疑衍。陈刻上有"不"字）

劝酒果子库十番：

砌香果子　　雕花蜜煎　　时新果子　　独装巴榄子

咸酸蜜煎　　装大金橘小橄榄　　　　　独装新椰子

---

① 肚胘（xián）：牛、羊、猪的胃。

② 肫（zhūn）掌：禽类的胃。

四时果四色　　对装拣松番葡萄　　　　对装春藕陈公梨

厨劝酒十味：

江瑶炸肚　　　江瑶生　　　蝤蛑[①]签

姜醋生螺（陈刻"香螺"）　香螺炸肚　　姜醋假公权

煨牡蛎　　　　牡蛎炸肚　　假公权炸肚

蟑蚷炸肚

准备上细垒四桌。

又次细垒二桌（内蜜煎、咸酸、时新、脯腊等件）。

对食十盏二十分：

莲花鸭签　　茧儿羹　　三珍脍　　南炒鳝

水母脍　　　鹌子羹　　鲟鱼脍　　三脆羹

洗手蟹　　　炸肚胘

对展每分时果子（陈刻"五"）盘儿：

知　省　　　御　带　　御　药　　直殿官

门　司

晚食五十分各件：

二色茧儿　　肚子羹　　笑靥儿[②]　小头羹饭

脯腊鸡　　　脯　鸭

直殿官大碟（陈刻"炸"）下酒：

鸭　签　　　水母脍　　鲜虾蹄子羹　糟　蟹

---

① 蝤（yóu）蛑（móu）：梭子蟹。

② 笑靥（yè）儿：果食名。

| 野　鸭 | 红生水晶脍 | 鲫鱼脍 | 七宝脍 |
| 洗手蟹 | 五珍脍 | 蛤蜊羹 | |

直殿官合子食：

脯　鸡	油饱儿	野　鸭	二色姜豉
杂　熬	八糙鸡	库　鱼	麻脯鸡脏
炙　焦	片羊头	菜羹一葫芦	

直殿官果子：

时果十隔碟

准备：

薛方瓠羹

备办外官食次：

第一等（并簇送）：

太师尚书左仆射同中书门下平章事秦桧：

烧羊一口	滴　粥	烧　饼	食十味
大碗百味羹	糕儿盘劝	簇五十馒头（血羹）	
烧羊头（双下）		杂簇从食五十事	
肚　羹	羊舌托胎羹		
双下大（陈刻"火"）膀子		三脆羹	铺羊粉饭
大簇钉	鲊糕鹌子	蜜煎三十碟	
时果一合（切榨十碟）		酒三十瓶	

少保观文殿大学士秦熺：

| 烧羊一口 | 滴　粥 | 烧　饼 | 食十味 |

蜜煎一合　　时果一合（切榨）　　　酒十瓶

第二等：

参知政事　　余若水

签书枢密　　巫　伋

少师恭国公殿帅　　　　杨存中

太尉两府　　吴　益

普安郡王

思平郡王

各食十味　　蜜煎一合　　切榨一合　　烧羊一盘

酒六瓶

第三等：

侍从七员：

左朝散郎礼部侍郎兼权吏部尚书　　　陈诚之

左中大夫刑部侍郎兼权吏部侍郎　　　韩仲通

右承议郎权吏部侍郎　　　　李如见

右奉议郎起居舍人　　　　　汤思退

右朝散大夫太府卿兼户部侍郎　　徐宗说

右宣教郎枢密院检详诸房文字兼兵部侍郎　　陈　相

右宣教郎中书门下省检正诸房公事兼给事中　　陈　夔

管军二员：

马军太尉　　成　闵

步军太尉　　赵　密

知阁六员：

保信军节度使领阁门使兼客省四方馆事提点皇城司　郑　藻

照化军承宣使领阁门使兼客省四方馆事提点皇城司　钱

成州团练使领阁门事兼客省四方馆事提点皇城司　赵　恺

贵州团练使领阁门事兼客省四方馆事提点皇城司　宋

武节大夫吉州刺史领阁门事兼客省四方馆事提点皇城司　孟

武节大夫惠州刺史领阁门事兼客省四方馆事提点皇城司　苏

御带四员：

降授郢州防御使带御器械　　　　　潘端卿

忠州防御使带御器械　　　　　　　石　清

武功大夫遥郡防御使带御器械　　　翼彦明

武功大夫兼阁门宣赞舍人带御器械　李彦实

宗室三员：

安庆军承宣使同知大宗正事　　　　士　街

建州观察使　　　　　　　　　　　士　剧

琼州观察使　　　　　　　　　　　居　广

外官六员：

建宁军节度使提举万寿观　　　　　韦　谦

崇庆军节度使提举万寿观　　　　　韦

庆远军节度使提举万寿观　　　　　吴　盖

崇信军承宣使提举佑神观　　　　　刘光烈

永宁军承宣使提举佑神观　　　　　朱孝庄

武庆军承宣使提举佑神观　　　　　　王安道

各食七味　　蜜煎一合　　时果一合　　酒五瓶

第四等：

环卫官九员：

右监门卫大将军贵州刺史　　　居　闲

右监门卫大将军福州防御使　　　士　辐

右监门卫大将军荣州团练使　　　士　邳

右监门卫大将军贵州团练使　　　士　歆

右监门卫大将军宣州刺史　　　士　铢

右监门卫大将军宣州刺史　　　士　赫

右监门卫大将军吉州刺史　　　士　陪

右监门卫大将军吉州刺史　　　士　暗

右监门卫大将军吉州刺史　　　士　闸

宣赞舍人十八人：

王汉臣　　　陈　清　　　郭蔓之

王正月（陈刻"王肯"）　　许彦洪　　郑应之

裴良弼　　　陈　迪　　　李大有　　王邦昌

张彦圭　　　梁　份　　　郑立之　　李邦杰

蔡舜臣　　　谷　璹　　　王德霖　　张安世

阁门祇候二十人：

李　丙　　　李唐谊　　　郑　明　　范　涉

周　谭　　　张令绰　　　张　拱　　杨　价

贾公正	陈仲通	刘尧咨	张　耘
何　忱	李　俦	王　谦	董　原
刘　伉	刘康祖	何超祖	朱邦达

看班祗候八人：

梁振之	王　谊	董　珩
司马纯（陈刻"纪"）		潘思夔
张　赫	冯　倚	刘尧卿

提点兼祗应行首五人：

李　观	边思聪	逯　镐	郑孝礼
常士廉			

三省枢密房副承旨逐房副承旨六人：

刘兴仁	刘兴贤	韩师文	武　铸
边俊民	严经安		

随驾诸局干办监官等十八人：

成州团练使干办皇城司	冯　持
右武郎干办皇城司	刘允升
保义郎干办御厨	潘　邦
保义郎干办御厨	冯　藻
保义郎干办翰林司	王　喜
修武郎干办仪鸾司	郭公既
保义郎干办祗候司	黎安国
武翼郎阁门宣赞舍人兼翰林干办御辇院	邵　璇

忠翊郎干办左右骐骥院	班彦通
武忠郎干办左右骐骥院	张　淳
承信郎阁门祗候兼干办左右骐骥院	斐良从
武功大夫干办行在左藏库	石　瑜
右朝散大夫干办行在左藏库	刘　份
武功大夫干办行在左藏库	吴　铸
忠翊郎阁门祗候兼干办行在左藏库	赵　节
承节郎阁门祗候兼干办行在左藏库	刘　憨
忠翊郎主管军头司兼祗应	杜　渊
保义郎主管军头司兼祗应	徐宗彦

各食五味　　　时果一盒　　　酒二瓶

第五等：

阁门承受十人、知班十五人、御史台十六人：

各食三味　　　酒一瓶

听叫唤中官等五十分：

各食五味　　　斩羊一斤　　　馒头五十个

角子一个　　　铺姜粉饭　　　下饭咸豉

各酒一瓶

进奉盘合：

宝器：

御药带一条　　玉池面带一条　　玉狮蛮乐仙带一条

玉鹘兔带三条　　玉璧环二　　玉素钟子一

玉花高足钟子一　　玉枝梗瓜杯一　　　玉瓜杯一

玉东西杯一　　　　玉香鼎二（盖全）　玉盆儿一

玉橡头碟儿一　　　玉古剑璏①等十七件

玉圆临安样碟儿一　　　　　　　　　玉靶独带刀子二

玉并三靶刀子四　　玉犀牛合替儿一

金器一千两　　　　珠子十二号共六万九千五百九颗

珠子念珠一串一百九颗

马价珠金相束带一条

翠毛二百合　　　　白玻璃圆盘子一　　玻璃花瓶七

玻璃碗四　　　　　玛瑙碗大小共二十件

古器：

龙文鼎一　　　　　商彝②二　　　　　高足商彝一

商父彝一　　　　　周盘一　　　　　　周敦③二

周举罍一　　　　　有盖兽耳周罍一

汝窑：

酒瓶一对　　　　　洗　一　　　　　　香炉一

香合一　　　　　　香球一　　　　　　盏四只

盂子二　　　　　　出香一对

大奁一　　　　　　小奁一

---

① 璏（zhì）：玉制剑鼻。

② 彝（yí）：古代盛酒的器具。也泛指古代宗庙祭器。

③ 敦：中国古代食器，在祭祀和宴会时放盛黍、稷、稻、粱等作物。出现在春秋时期，后来逐渐演变出盖。到战国时多为盖形同体。常为三足，有时盖也能反过来使用。

合仗（陈刻"合伏"）：

螺钿合一十具（织金锦褥子全）

犀毗（陈刻"皮"）合一十具（织金锦褥子全）

书画：

有御宝十轴：

曹霸《五花骢》　　冯瑾《霁烟长景》

易元吉《写生花》　黄居宝《雀竹》

吴道子《天王》　　张萱《唐后竹丛》（"唐后"字疑误）

边鸾《萱花山鹧》　黄筌《萱草山鹧》

宗妇曹氏《蓼岸》　杜庭睦《明皇斫脍》

无宝有御书九轴：

赵昌《踯躅鹌鹑》　梅竹思《踯躅母鸡》

杜霄《扑蝶》　　　巨然《岚锁翠峰》

徐熙《牡丹》　　　易元吉《写生枇杷》

董源《夏山早行》二轴

伪主李煜《林泉渡水人物》

无宝无御书二轴：

荆浩《山水》　　　吴元俞《紫气星》

匹帛：

捻金锦五十匹　　　素绿锦一百五十匹

木绵二百匹　　　　生花番罗二百匹

暗花婆罗二百匹　　樗薄绫二百匹

进奉犒设：

随驾官知省御带御药门司直殿官：

紫罗五百匹　　　　杂色缬罗五百匹

马下目子钱一万贯文

禁卫一行祗应人等：

钱二万贯文　　　　炊饼二万个　　　　熟猪肉三千斤

爆三十合　　　　　酒二千瓶

本家亲属推恩：

弟拱卫大夫　　　　　　　　　　　　　　　　张　保

男右奉议郎直敷文阁主管台州崇道观赐紫金鱼袋

　　　　　　　　　　　　　　　　　　　　　张子颜

男右宣教郎直敷文阁主管台州崇道观赐紫金鱼袋

　　　　　　　　　　　　　　　　　　　　　张子正

孙承事郎籍田令赐紫金鱼袋　　　　　　　　张宗元

侄龙神卫四厢都指挥使

清海军承宣使添差两浙西路马步军副总管　　张子盖

侄右朝请大夫直徽猷阁主管佑神观赐紫金鱼袋　张子仪

侄承奉郎　　　　　　　　　　　　　　　　张子安

侄忠翊郎　　　　　　　　　　　　　　　　张子文

侄孙保义郎　　　　　　　　　　　　　　　张宗且

侄孙保义郎　　　　　　　　　　　　　　　张宗亮

侄孙登仕郎　　　　　　　　　　　　　　　张宗说

侄孙成忠郎	张宗益
侄孙登仕郎	张宗颖
妻秦国夫人	魏　氏
妾咸宁郡夫人	章　氏
妾和宁郡夫人	杨　氏
妾硕人	潘　氏
妾硕人	沈　氏
妾硕人	曹　氏
妾硕人	周　氏
弟妇太硕人	王　氏
弟妇恭人	任　氏
第二女孺人	张　氏
第三女孺人	张　氏
第四女孺人	张　氏
男子颜妇	王　氏
男子正妇	王　氏
孙宗元妇	王　氏
侄子盖妇硕人	赵　氏
侄子仪妇宜人	郭　氏

绍兴二十一年十一月×日，和州防御使干办府事兼提点兼排办一行事务，张贵，具（陈刻"兼提点"作"差提点"，"排办"上无"兼"字，"张贵"作"张青"）。

卷十

官本杂剧段数

《争曲六幺》　　　　　《扯拦六幺》（三哮）

《教声六幺》　　　　　《鞭帽六幺》

《衣笼六幺》　　　　　《厨子六幺》

《孤夺旦六幺》　　　　《王子高六幺》

《崔护六幺》　　　　　《骰子六幺》

《照道六幺》　　　　　《莺莺六幺》

《大宴六幺》　　　　　《驴精六幺》

《女生外向六幺》　　　《慕道六幺》

《三偌慕道六幺》　　　《双拦哮六幺》

《赶厥夹六幺》　　　　《羹汤六幺》

《索拜瀛府》　　　　　《厚熟瀛府》

《哭骰子瀛府》　　　　《醉院（陈刻"县"）君瀛府》

《懊（陈刻"燠"）骨头瀛府》

《赌钱望瀛府》　　　　《四僧梁州》

《三索梁州》　　　　　《诗曲梁州》

《头钱梁州》　　　　　《食店梁州》

《法事馒头梁州》　　　《四哮梁州（陈刻"伊州"）》

《领伊州》　　　　　　《铁指甲伊州》

《闸五伯伊州》　　　　《裴少俊伊州》

《食店伊州》　　　　　　《桶（陈刻"橘"）担新水》

《双哮新水》　　　　　　《烧花新水》

《简帖簿媚（陈刻"补"）》

《请客簿媚》　　　　　　《错取簿媚》

《传神簿媚》　　　　　　《九妆簿媚》

《本事现簿媚》　　　　　《打调簿媚》

《拜褥簿媚》　　　　　　《郑生遇龙女簿媚》

《大地大明乐》　　　　　《打球大明乐》

《三爷老大明乐》　　　　《列女降黄龙》

《双旦降黄龙》

《柳玭（陈刻"比"）上官降黄龙》

《赶厥胡渭州》　　　　　《单番将胡渭州》

《银器胡渭州》　　　　　《看灯胡渭州（三厥）》

《入寺降黄龙》　　　　　《榆标降黄龙》

《打地铺逍遥乐》　　　　《病郑逍遥乐》

《崔护逍遥乐》

《濯涃（陈刻"面"）逍遥乐》

《单打石州》

《和尚（陈刻"石和"）那石州》

《赶厥石州》　　　　　　《塑金刚大圣乐》

《单打大圣乐》　　　　　《柳毅大圣乐》

《霸王中和乐》　　　　　《马头中和乐》

《大打调中和乐》　　　《喝贴万年欢》

《托合万年欢》　　　　《迓鼓儿熙州》

《骆驼熙州》　　　　　《二郎熙州》

《大打调道人欢》　　　《会子道人欢》

《双（陈刻"打"）拍道人欢》

《越娘道人欢》　　　　《打勘长寿仙》

《偌卖妲长寿仙》　　　《分头子长寿仙》

《棋盘法曲》　　　　　《孤和法曲》

《藏瓶儿法曲》　　　　《车儿法曲》

《病爷老（陈刻无"老"字）剑器》

《霸王剑器》　　　　　《黄杰进延寿乐》

《义养娘延寿乐》

《扯篮（陈刻"槛"）儿贺皇恩》

《催妆贺皇恩（三偌）》

《封陟中和乐》　　　　《唐辅采莲》

《双哱采莲》　　　　　《病和采莲》

《诸宫调霸王》　　　　《诸宫调卦册儿》

《相如文君》　　　　　《崔智韬艾虎儿》

《王宗（陈刻"崇"）道休妻》

《李勉负心》　　　　　《四郑舞杨花》

《四偌皇州》

《槛偌宝（陈刻"保"）金枝（磕瓦）》

《浮沤传永成双》　　　　　《浮沤暮云归》

《老孤嘉庆乐》　　　　　　《两相宜万年芳》

《进笔庆云乐》　　　　　　《裴航相遇乐》

《能知他泛清波》　　　　　《三钓鱼泛清波》

《五柳菊花新》　　　　　　《梦巫山彩云归》

《青阳观碑彩云归》　　　　《四小将整乾坤》

《四季夹竹桃花》

《禾打千秋（陈刻"春"）乐》

《牛五郎罢金征》　　　　　《新水爨》

《三十拍爨》　　　　　　　《天下太平爨》

《百花爨》　　　　　　　　《三十六拍爨》

《门子打三教爨》　　　　　《孝经借衣爨》

《大孝经孙（陈刻"狐"）爨》

《喜朝天爨》　　　　　　　《说月爨》

《风花雪月爨》　　　　　　《醉青楼爨》

《宴瑶池爨》

《钱手帕爨（小字太平歌。"帕"陈刻作"拍"）》

《诗书礼乐爨》　　　　　　《醉花阴爨》

《钱爨》

《鹡鹩爨（"鹡"陈刻作"鹎"，"鹩"字无考）》

《借听爨》　　　　　　　　《大彻底错爨》

《黄河赋爨》　　　　　　　《睡爨》

《门儿爨》　　　　　　《上借门儿爨》
《抹紫粉爨》　　　　　《夜半乐爨》
《火发爨》　　　　　　《借衫爨》
《烧饼爨》　　　　　　《调燕爨》
《棹孤舟爨》　　　　　《木兰花爨》
《月当听爨》　　　　　《醉还醒爨》
《闹夹棒爨》　　　　　《扑蝴蝶爨》
《闹八妆爨》　　　　　《钟馗爨》
《铜博爨》　　　　　　《恋双双爨》
《恼子爨》　　　　　　《像生爨》
《金莲子爨》　　　　　《思乡早行孤》
《睡孤》　　　　　　　《迓鼓孤》
《论禅孤》　　　　　　《讳药（陈刻"乐"）孤》
《大暮故孤》　　　　　《小暮故孤》
《老姑（陈刻"孤"）遣姐》
《孤惨》　　　　　　　《双孤惨（骨突肉）》
《三孤惨》　　　　　　《四孤醉留客》
《四孤夜宴》　　　　　《四孤好》
《四孤披头》　　　　　《四孤擂》
《病孤三乡题》　　　　《王魁三乡题》
《强偌三乡题》　　　　《文武问命》
《两同心卦铺儿》　　　《一井金卦铺儿》

《满皇州卦铺儿》　《变猫卦铺儿》

《白苎卦铺儿》　《探春卦铺儿》

《庆时丰卦铺儿》　《三哮卦铺儿》

《三哮揭榜》　《三哮上小楼》

《三哮文字儿》　《三哮好女儿》

《三哮一檐脚》　《褴哮合房》

《褴哮店休妲》　《褴哮负酸》

《秀才下酸擂》　《急慢酸》

《眼药酸》　《食药酸》

《风流药》　《黄元儿》

《论淡》　《医淡》

《医马》　《调笑驴儿》

《雌虎（崔智韬）》　《解熊》

《鹘打兔变二郎》　《二郎神变二郎神》

《毁庙》　《入庙霸王儿》

《单调霸王儿》　《单调宿》

《单背影》　《单顶戴》

《单唐突》　《单折洗》

《单兜》　《单搭手》

《双搭手》　《双厥送》

《双厥投拜》　《双打球》

《双顶戴》　《双园子》

《双索帽》　　　　　　《双三教》

《双虞候》　　　　　　《双养娘》

《双快（陈刻"抉"）》　《双捉》

《双禁师》　　　　　　《双罗罗啄木儿》

《赖房钱啄木儿》　　　《围城啄木儿》

《大双头莲》　　　　　《小双头莲》

《大双惨》　　　　　　《小双惨》

《小双索》　　　　　　《双排军》

《醉排军》　　　　　　《双卖姐》

《三入舍（陈刻"三合入"）》

《三出舍（陈刻"三出合"）》

《三笑月中行》　　　　《三登乐院公狗儿》

《三教安公子》　　　　《三社争赛》

《三顶戴》　　　　　　《三偌一赁驴》

《三盲一偌》　　　　　《三教闹著棋》

《三借窑货儿》　　　　《三献身》

《三教化》　　　　　　《三京下书》

《三短鞑》　　　　　　《打三教庵宇》

《普天乐打三教》　　　《满皇州打三教》

《领三教》　　　　　　《三姐醉还醒》

《三姐黄莺儿》　　　　《卖花黄莺儿》

《大四小将》　　　　　《四小将》

《四国朝》　　　　　《四脱空》

《四教化》　　　　　《泥孤》

张约斋赏心乐事

（并序）

余扫轨林扁（陈刻"间"），不知衰老。节物迁变，花鸟泉石，领会无余。每适意时，相羊小园，殆觉风景与人为一。闲引客携觞①，或幅巾②曳③杖，啸歌④往来，澹然忘归。因排比十有二月燕游次序，名之曰"四并集"。授小庵主人，以备遗忘。非有故，当力行之。然为具真率⑤，毋致劳费⑥及暴殄⑦沉湎⑧，则天之所以与我者为无负无亵。昔贤有云："不为俗情所染，方能说法度人。"盖光明藏中，孰非游戏，若心常清净，离诸取著，于有差别境中，而能常入无差别定，则淫房（陈刻"坊"）酒肆，偏历道场，鼓乐音声，皆谈般若。倘情生智隔（陈刻"情知物隔"），境逐源移，如鸟黏黐⑨，动伤躯命，又乌知所谓说法度人者哉。圣

---

① 携觞：这里指喝酒。

② 幅巾：古代男子以全幅细绢裹头的头巾。后裁出脚即称幞头。

③ 曳（yè）：拖；拉；牵引。

④ 啸歌：长啸吟咏。

⑤ 真率：纯真坦率。

⑥ 劳费：耗费人力、精力或财力。

⑦ 暴殄（tiǎn）：任意浪费、糟蹋。

⑧ 沉湎（miǎn）：深深地迷恋着，不能自拔。

⑨ 黏黐（chī）：黏着在木胶上。黐，木胶，用细叶冬青茎部的内皮捣碎制成，可以粘住鸟毛，用以捕鸟。

朝中兴七十余载，故家风流（陈刻"流风"），沦落几尽。有闻前辈典刑，识南湖①之清狂者，必长哦曰："人生不满百，常怀千岁忧。昼短苦夜长，何不秉烛游？"一旦相逢，不为生客。

嘉泰元年岁次辛酉十有二月
约斋居士② 书

正月孟春：

岁节家宴	立春日迎春春盘
人日③ 煎饼会	玉照堂赏梅
天街观灯	诸馆赏灯
丛奎阁赏山茶	湖山寻梅
揽月桥看新柳	安闲堂扫雪

二月仲春：

现乐堂赏瑞香	社日社饭
玉照堂西赏缃梅	南湖挑菜
玉照堂东赏红梅	餐霞轩看樱桃花

---

① 南湖：本篇作者张镃。张镃，原字时可，因慕郭功甫（功父），故易字功甫，号约斋。南宋文学家，先世成纪（今甘肃天水）人，寓居临安（现浙江杭州），卜居南湖。出身显赫，为宋南渡名将张俊曾孙，刘光世外孙。他又是宋末著名诗词家张炎的曾祖，是张氏家族由武功转向文阶过程中的重要环节。

② 约斋居士：张镃。

③ 人日：又称人节、人庆节、人口日、人七日等，每年农历正月初七是古老的中国传统节日。传说某一没有主名的神初创世，在造出了鸡狗猪羊牛马等动物后，于第七天造出了人，所以这一天是人类的生日。

杏花庄赏杏花　　　　　群仙绘幅楼前打球

南湖泛舟　　　　　　　绮互亭赏千叶茶花

马塍看花

三月季春：

生朝家宴　　　　　　　曲水修禊①（陈刻"流觞"）

花院观月季　　　　　　花院观桃柳

寒食祭先扫松　　　　　清明踏青郊行（陈刻"游"）

苍寒堂西赏绯碧桃　　　满霜亭北观棣棠

碧宇观笋　　　　　　　斗春堂赏牡丹芍药

芳草亭观草　　　　　　宜雨亭赏千叶海棠

花苑蹴秋千　　　　　　宜雨亭北观黄蔷薇

花院赏紫牡丹　　　　　艳香馆观林檎花

现乐堂观大花　　　　　花院尝煮酒

瀛峦胜处赏山茶　　　　经寮斗新茶

群仙绘幅楼下赏芍药

四月孟夏：

初八②日亦庵早斋，随诣南湖放生、食糕糜。

芳草亭斗草③　　　　　芙蓉池赏新荷

---

① 曲水修禊（xì）：古代风俗，于农历三月上巳日（上旬的巳日，魏晋以后始固定为三月三日）就水滨宴饮，认为可被除不祥，后人因引水环曲成渠，流觞取饮，相与为乐，称为曲水。也称"修禊"。

② 初八：四月初八是浴佛节，又称佛诞日、佛诞节等。是佛祖释迦牟尼的诞辰。

③ 斗草：又称斗百草，是中国民间流行的一种游戏，属于端午民俗。

蕊珠洞赏荼蘼	满霜亭观橘花
玉照堂尝青梅	艳香馆赏长春花
安闲堂观紫笑	群仙绘幅楼前观玫瑰
诗禅堂观盘子山丹	餐霞轩赏樱桃
南湖观杂花	鸥渚亭观五色莺粟花

五月仲夏：

清夏堂观鱼	听莺亭摘瓜
安闲堂解粽	重午节[①]泛蒲[②]家宴
烟波观碧芦	夏至日鹅炙[③]（陈刻"脔"）
绮互亭观大笑花	南湖观萱草（陈刻"花"）
鸥渚亭观五色蜀葵	水北书院采蘋
清夏堂赏杨梅	丛奎阁前赏榴花
艳香馆尝蜜林檎	摘星轩赏枇杷

六月季夏：

西湖泛舟	现乐堂尝花白酒
楼下避暑	苍寒堂后碧莲
碧宇竹林避暑	南湖湖心亭纳凉
芙蓉池赏荷花	约斋赏夏菊
霞川食桃	清夏堂赏新荔枝

---

① 重午节：端午节。

② 泛蒲：将菖蒲泛入酒里来饮用。

③ 炙（zhì）：烧烤。同"炙"。

七月孟秋：

丛奎阁上乞巧家宴　　　餐霞轩观五色凤儿

立秋日秋叶宴　　　　　玉照堂赏玉簪

西湖荷花泛舟　　　　　南湖观稼（陈刻"观鱼"）

应铉斋东赏葡萄

霞川观云（陈刻"霞川水苙[①]"）

珍林剥枣

八月仲秋：

湖山寻桂　　　　　　　现乐堂赏秋菊

社日糕会　　　　　　　众妙峰赏木樨

中秋摘星楼赏月家宴　　霞川观野菊

绮互亭赏千叶木樨　　　浙江亭观潮

群仙绘幅楼观月　　　　桂隐攀桂

杏花庄观鸡冠黄葵

九月季秋：

重九家宴　　　　　　　九日登高把萸

把菊亭采菊　　　　　　苏堤上玩芙蓉

珍林尝时果　　　　　　景全轩尝金橘

满霜亭尝巨螯香橙　　　杏花庄筹[②] 新酒

[①] 水苙（hóng）：又名蒌实，在中国北方田野道旁、河边湿地多见。全草可入药，主治风湿性关节炎、痢疾、吐泻。

[②] 筹（chōu）： 一种竹制的滤酒的器具；也指滤酒。

芙蓉池赏五（陈刻"三"）色拒霜[1]

十月孟冬：

旦日开炉家宴　　　立冬日家宴（陈刻脱）

现乐堂暖炉　　　　满霜亭赏蚤霜（陈刻"蜜桔"）

烟波观买市　　　　赏小春花

杏花庄挑荠　　　　诗禅堂试香

绘幅楼庆暖阁

十一月仲冬：

摘星轩观批杷花　　冬至节家宴

绘幅楼食馄饨　　　味空亭赏腊梅

孤山探梅　　　　　苍寒堂赏南天竺

花院赏水仙　　　　会幅楼前赏雪

绘幅楼削雪煎茶

十二月季冬：

绮互亭赏檀香腊梅　天街阅市

南湖赏雪　　　　　家宴试灯（陈刻"安闲堂试灯"）

湖山探梅　　　　　花院观兰花

瀛峦胜处赏雪　　　二十四夜饧果食

玉照堂赏梅　　　　除夜守岁家宴

起建新岁集福功德

---

[1] 拒霜：花名。木芙蓉的别称。冬凋夏茂，仲秋开花，耐寒不落，故名。

约斋桂隐百课

淳熙丁未秋，余舍所居为梵刹，爰命桂隐堂馆桥池诸名，各赋小诗，总八十余首。逮庆元庚申，历十有四年之久，匠生于心，指随景变，移徙更葺①，规杚始全，因删易增补，得诗凡数百。纲举而言之，东寺为报上严先之地，西宅为安身携幼之所，南湖则管领风月，北园则娱燕宾亲；亦庵，晨居植福，以资净业也；约斋，昼处观书，以助老学也；至于畅怀林泉，登赏吟啸②，则又有众妙峰山，包罗幽旷，介于前六者之间。区区安恬③（陈刻误"身"）嗜静之志，造物亦不相负矣。或问余曰："造物不负子，子亦忍负造物哉（陈刻"亦忍"误"其恶"）。释名宦之拘囚，享天真之乐（陈刻"快"）适，要当于筋骸④（陈刻"骨"）未衰时。今子三仕中朝，颠华齿堕⑤，涉笔才十二旬（陈刻"才"字作"总无"），如之何则可？"余应之曰："仕虽多，不使胜闲日，余之愿也，余之幸也，敢不勉旃⑥。"

壬戌岁中夏

张镃功父书

---

① 葺（qì）：用茅草覆盖房顶。

② 吟啸：犹呼啸；呼叫。

③ 安恬：安逸恬适；安静。

④ 筋骸：筋骨。

⑤ 颠华齿堕：指头发白了、牙齿脱落了。

⑥ 勉旃（zhān）：努力。多于劝勉时用之。旃，语气助词，之焉的合音字。

东寺（敕额"广寿慧云"）：

大雄尊阁（千佛铁像）　　　静高堂（寝室）

真如轩（种竹）

西宅：

丛奎阁（安奉被赐四朝宸翰）

德勋堂（祖庙。以高宗御书二字名）

儒闻堂（前堂。用告词[①]字取名）

现乐堂（中堂。用朱岩壑语）

安闲堂（后堂）　　　　　　绮互亭（有小四轩）

瀛峦胜处（东北小堂前后山水）柳塘花院

应铉斋（筮得鼎卦[②]，故名）　振藻（取告词中字名）

宴颐轩　　　　　　　　　　尚友轩

赏真亭（山水）

亦庵：

法宝千塔（铁铸千塔，藏经千卷）

如愿道场（药师佛坛）

传衣庵

写经寮（书华严等大乘诸经）

约斋：

泰定轩

[①] 告词：告身的文辞。

[②] 鼎卦：《易经》六十四卦的第五十卦，含义是稳定图变。

南湖：

阆春堂（牡丹芍药）　　烟波观

天镜亭（水心）　　　　御风桥（十间）

鸥渚亭　　　　　　　　把菊亭

汛月阙（水门）　　　　星槎（船名）

北园：

群仙绘幅楼（前后十一间，下临丹桂五六十株，尽见江湖诸山）

桂隐（诸处总名今揭楼下）　清夏堂（面南临池）

玉照堂（梅花四百株）　　　苍寒堂（青松二百株）

艳香馆（杂春花二百株）　　碧宇（修竹十亩）

水北书院（对山临溪）　　　界华精舍（梦中得名）

抚鹤亭（近松株）　　　　　芳草亭（临池）

味空亭（腊梅）

垂云石（高二丈、广十四尺）

揽月桥　　　　　　　　　　飞雪桥（在梅林中）

蕊珠洞（荼蘼二十五株）

芙蓉池（红莲十亩，四面种芙蓉）

珍林（杂果小园）　　　　　涉趣门（总门入松径）

安乐泉（竹间井）　　　　　杏花庄（村酒店）

鹄泉（井名）

众妙峰山：

诗禅堂　　　　　　　　　黄宁洞天

景白轩（真香山画像并文集）　文光轩（临池）

绿昼（陈刻"画"）轩（木樨临侧）

书叶轩（柿二十株）　　　俯巢轩（高桧旁）

无所要轩　　　　　　　　长不昧轩

摘星轩　　　　　　　　　餐霞轩（樱桃三十余株）

读易轩　　　　　　　　　咏老轩（道德经）

凝薰堂　　　　　　　　　楚佩亭（兰）

宜雨亭（千叶海棠二十株，夹流水）

满霜亭（桔五十余株）　　听莺亭（柳边竹外）

千岁庵（仁皇飞白字）　　恬虚庵

凭晖亭　　　　　　　　　弄（陈刻"美"）芝亭

都微别馆（诵度人经处，乃徽宗御书）

水淄桥　　　　　　　　　漪岚洞

施无畏洞（观音铜像）　　澄啸台（面东）

登啸台　　　　　　　　　金竹岩

古雪岩

隐书岩（石函仙书，在岩穴中，可望不可取）

新　岩

叠翠庭（茂林中容十许人坐）

钓　矶　　　　　　　　　菖蒲涧（上有小石桥）

中　池（养金鱼在山涧中）　　珠旒瀑

藏丹谷　　　　　　　　　　煎茶磴

右各有诗在集中，此不繁录。